Janosch erzählt:
Grimm's Märchen

Janosch erzählt

Grimm's Märchen

Fünfzig ausgewählte Märchen,
neu erzählt für Kinder von heute
Mit Zeichnungen von Janosch

Mit einem Nachwort
von Hans-Joachim Gelberg

BELTZ
& Gelberg

CIP-Kurztitelaufnahme der Deutschen Bibliothek

Janosch
Janosch erzählt Grimms Märchen : 50 ausgew.
Märchen, neu erzählt für Kinder von heute. –
6. Aufl. , 61.–70. Tsd. – Weinheim, Basel :
Beltz und Gelberg, 1980.
ISBN 3-407-80213-7

6. Auflage, 61.–70. Tausend, 1980

© 1972 Beltz Verlag, Weinheim und Basel
Alle Rechte vorbehalten. Programm Beltz & Gelberg, Weinheim
Einbandbild von Janosch. Gesetzt aus der 12 Punkt Garamond
Satz und Druck: Beltz Offsetdruck, 6944 Hemsbach über Weinheim
Printed in Germany
ISBN 3 407 80213 7

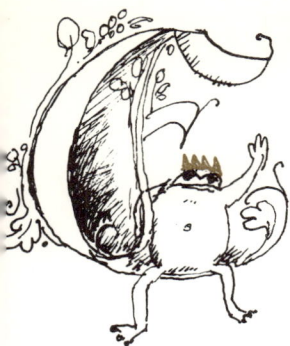

Hans im Glück

Es war einmal so ein glücklicher Hansl, der freute sich den ganzen Tag und über alles. Was ihm auch geschah. Schon bald, nachdem er geboren wurde, fiel er aus dem Bett. Aber er freute sich und dachte: »Das Bett hätte höher sein können, dann wäre ich tiefer gefallen und hätte mir den Hals gebrochen.«

Als er größer war, konnte es geschehen, daß ihm jemand einen Stein an den Kopf warf. Dann war er froh, daß der Stein nicht größer war. Immer war der Hansl lustig, pfiff ein Lied, freute sich, daß die Sonne schien, aber auch, weil es regnete, und auch, wenn es schneite.

Als er alt genug war, von zu Haus wegzugehen und sich eine Arbeit zu suchen, war er kaum aus der Tür heraus, da überfuhr ihn ein Motorrad: Bein gebrochen, Hose zerrissen, Krankenhaus.

Da freute sich der Hansl und sagte: »Wie gut, daß meine Sonntagshose im Koffer war, sonst wäre sie auch zerrissen worden. Aber meine alte Hose war sowieso schon alt.«

Das Bein heilte. Er ging wieder los und fand einen Meister, bei dem er sieben Jahre arbeitete.

Einmal geschah es, daß er bei großer Kälte Bäume im Wald fällen mußte. In der Frühstückspause schlief er ein und erfror beinahe. Der Förster fand ihn, und der Hansl war schon halb tot.

Aber wie freute sich der Hans. Er sagte: »Wie gut, daß Sie mich geweckt haben, ich hätte ja erfrieren können bei dieser Kälte.«

Als die sieben Jahre um waren, sagte der Meister: »Wie die Arbeit, so der Lohn. Ich war immer *ganz* mit dir zufrieden, also gebe ich dir eine *Gans*.« Gab ihm für sieben Jahre also eine Gans.

Wie freute sich da der Hans und dachte: »Eine Gans ist ja wunderbar! Die tausche ich gegen ein kleines Schwein und lasse es wachsen. Das tausche ich gegen ein Kalb und lasse es wachsen. Die Kuh tausche ich gegen ein kleines Pferd, und das lasse ich wachsen. Das Pferd wird ein Rennpferd, und ich tausche es gegen einen Klumpen Gold, und ich bin reich. Oder ich esse die Gans auf, denn Gänsebraten ist meine Leibspeise. Obendrein lasse ich mir die Hosentasche mit Gänsefedern füttern, das wärmt im Winter. Da kann ich mich wirklich freuen.«

Er machte sich auf den Weg nach Hause zu seiner Mutter.

Unterwegs hörte er die Vögel pfeifen, die Sonne schien, da setzte er sich unter einen Baum, und die Gans lief ihm weg.

Er lief ihr ein kleines Stück nach, ging dann wieder zurück an seinen Baum

und dachte: »Was ist schon eine Gans? Wär's ein Pferd gewesen! Freuen
kann ich mich, daß es kein Pferd war, sonst hätte ich mich geärgert.«
Er freute sich und schlief noch ein Stündchen, dann ging er weiter.
Zu Hause war es schön, und seiner Mutter ging es gut. Da freute sich der
Hansl, setzte sich in den Garten, ruhte sich aus, aber nach drei Tagen kam
Krieg, und er mußte zu den Soldaten.
»Wie gut, Mutter«, sagte er, »daß der Krieg nicht schon vor drei Tagen
anfing. Da hätte ich gar nicht so lange dableiben können.«
Und dann schossen sie ihm im Krieg ein Bein weg. Aber eines blieb ihm
noch. Zwei Beine weg ist schlimmer! Dann hätte er nicht mehr laufen können. Da war der Hansl aber froh darüber.
Und als der Krieg verloren war, sagte er: »Freuen können wir uns, Mutter, daß wir nicht gewonnen haben. Dann hätte unser König sich stark
gefühlt und hätte bald wieder einen neuen Krieg angefangen.«
Als der Hansl heiraten wollte, bekam er so eine faule Liesa zur Frau, eine
mit kurzgestutzten Haaren und einem dicken Hinterteil. Den ganzen Tag
lag sie auf dem Sofa.
Da dachte der lustige Hans: »Glück hab' ich mit der Liesa gehabt, daß
sie kein Ziegenbock ist. Ein Ziegenbock gibt keine Milch, braucht einen
eigenen Stall für sich, denn man kann ihn nicht in der Küche halten, frißt
einen Zentner Gras und stinkt obendrein.« Und er freute sich.

Aber die Liesa lief ihm eines Tages davon, ging mit einem, der Strumpf-
bänder und Kämme verkaufte und ihr schöne Augen gemacht hatte.

Da freute sich der Hansl, daß er die faule Liesa los war. Aber nach drei
Tagen kam sie zurück; denn immer von Tür zu Tür gehen und den Koffer mit den Strumpfbändern tragen, war ihr zuviel Arbeit.

Doch auch darüber freute sich der Hans, denn jetzt war er nicht mehr
so allein.

Und so ging das Leben vorbei. Der Hans wurde alt, und als die Zeit zum
Sterben kam, legte er sich hin und sagte: »Schön war's gewesen. Hab'
lange gelebt. Immer war's lustig, und Glück hab' ich gehabt – immer nur
Glück.«

So war der Hans, und keiner konnt's ihm nehmen.

Des Schneiders Daumerling Wanderschaft

in Schneider hatte einen Sohn, der war klein geraten und nicht größer als ein Daumen. Darum hieß er des Schneiders »Daumerling«.

»Ein kleiner ist besser als keiner«, sagte immer des Schneiders Frau, und der Schneider wäre ja auch zufrieden gewesen, aber der Junge aß jeden Tag zwei ganze Brote und eine Dose Leberwurst von achthundert Gramm, und ein Schneider ist kein reicher Mann.

Weil der Daumerling gern etwas wagte, sagte er eines Tages:

>»La Schatte, die Katz',
>le Kokke, der Hahn,
>ich will euch mal zeigen,
>was der Daumerling kann.«

Er bat seinen Vater, auf Wanderschaft gehen zu dürfen, und der Vater ließ ihn gehen.

Zuerst kam des Schneiders Daumerling zu einem Schneider. Und weil er nicht viel verlangte, nur Kost und Verpflegung und einen Pfennig zum Lohn, nahm der Schneidermeister ihn in die Lehre, denn er dachte: »Und wenn er bloß Stecknadeln einsammelt und die Nadelöhren putzt, einen Pfennig ist er mir immer wert. Und was wird so ein Daumerling schon viel essen? Ein paar Krümel.«

>»La Schatte, die Katz',
>le Kokke, der Hahn,
>ich will euch mal zeigen,
>was der Daumerling kann.«

Und bald wurde er ein flinker Schneiderlehrling, der die feinsten Stiche fertigbrachte und mit der Nadel umging wie ein Fechtmeister mit dem De-

9

gen. Nur als er jeden Tag zwei ganze Brote aß und eine Dose Leberwurst von achthundert Gramm, wurde es dem Meister zuviel. Er gab ihm immer weniger zu essen.

Da lief des Schneiders Daumerling ihm davon und kam zu einem Schlosser in die Lehre. Er verlangte nicht mehr als Kost und Verpflegung und einen Pfennig zum Lohn, denn mehr konnte des Schneiders Daumerling sowieso nicht tragen.

Der Schlossermeister dachte: »Und wenn er mir bloß die Schlösser ölt, einen Pfennig ist mir das immer wert. Und was wird so ein Däumling schon essen? Die Krümel vom Brot, wenn's viel ist.«

> »La Schatte, die Katz',
> le Kokke, der Hahn,
> ich will euch mal zeigen,
> was ein Daumerling kann«,

sagte des Schneiders Daumerling, und er wurde bald der geschickteste Schlosserlehrling, den der Meister je hatte. Er konnte in die kompliziertesten Schlösser kriechen, konnte den Dreck aus den kleinsten Ecken puhlen und die feinsten Schloßsicherungen einpassen. Er war eine Kanone! Nur, daß er jeden Tag zwei ganze Brote und eine Dose Leberwurst von achthundert Gramm essen mußte, das gefiel dem Meister nicht, und da der Daumerling jetzt bald siebzehn Jahre alt war und die Stimme etwas tiefer wurde, weil es ihn im Hals kratzte, wollte er auch dann und wann einen Schnaps haben.

Der Meister gab ihm jetzt immer weniger zu essen. Da lief ihm der Daumerling davon und kam zum Elektriker Fink in die Lehre. Er verlangte als Lohn nicht mehr als Kost und Verpflegung und einen Pfennig. »Dann und wann ein Schnäpschen als Gefahrenzulage.«

Das schien dem Meister nicht viel. »Denn wenn er auch bloß die Kontakte poliert, einen Pfennig soll mir das immer wert sein. Und was wird so ein Daumerling schon viel essen?« dachte er. »Von der Wurst wohl die Pelle und zwei Krümel vom Brot.«

Also stellte er ihn ein. Bald zeigte es sich, daß der Daumerling der beste Elektrolehrling wurde, den der Meister je hatte. Keiner konnte die Kontakte so fein zusammenlöten wie er. Und er konnte in die kleinsten Apparate kriechen und von den Widerständen die kleinsten Zahlen ablesen. Nur, daß er jeden Tag zwei ganze Brote aß und eine Dose Leberwurst von achthundert Gramm und obendrein noch dann und wann einen Schnaps trank, das wurde dem Meister zuviel, und schließlich gab er ihm immer weniger zu essen.

Da lief ihm der Daumerling davon und traf zwei Bankräuber. Die wollten eine Bank ausrauben, und zwar des Nachts.

»Du, der kleine Lümmel kann uns viel nützen«, sagte der eine.

»Aber wie? Wir brauchen einen Elektriker und keinen Daumerling. Verstehst du, einen, der die Alarmanlage außer Gefecht setzt, Kamerad Kleinkaliber.«

»Das ist wohl wahr, Genosse Lockenkopp«, sagte Kleinkaliber, »einen Elektriker.«

»Bin ich«, sagte der Daumerling. »Hab' ich doch gelernt. Ich bin gelernter Elektriker.«

»Aber wir brauchen auch einen Schlosser«, sagte der Kamerad Kleinkaliber. »Denn im Keller ist der verdammte Tresor. Wir könnten ihn aufschweißen, aber das ist viel Arbeit, Kamerad Hosenknopf.«

Damit meinte er den Daumerling.

»Bin, ich«, sagte der Daumerling, »bin gelernter Schlosser, hab' ich ehrlich gelernt.«

»Und was verlangst du?« fragte der erste Bankräuber.

»Kost und Verpflegung und einen Pfennig als Lohn«, sagte des Schneiders Daumerling. »Und zwei Schnäpschen als Gefahrenzulage«, denn inzwischen war er neunzehn und trank etwas mehr, weil es ihn im Hals ein bißchen mehr kratzte.

Zwei, drei Tage versorgten ihn die beiden Banditen gut mit Brot und Leberwurst. Dann und wann zahlten sie auch ein Schnäpschen für ihn, aber auf die Dauer wurde ihnen das zu kostspielig, und sie drängten.

»Also gut«, sagte der Daumerling.
»La Schatte, die Katz',
le Kokke, der Hahn,
ich will euch mal zeigen,
was der Daumerling kann.«

Und weil er gern etwas wagte, ging er am hellen, lichten Tage in die Bank. Und da dort immer viele Leute ein und aus gingen, fiel er nicht auf, denn manchmal haben die kleinsten Leute das meiste Geld, und so hielt man ihn für einen Bankkunden.

Er stellte sich hinter den Vorhang – und Stichstich! hatte er sich mit seiner flinken Nähnadel eingenäht.

Um vier Uhr dreißig war Feierabend. Um fünf Uhr verließ der letzte Kassierer die Bank. Um fünf Uhr fünf hatte sich der Daumerling aus dem Vorhang herausgetrennt. Bis zwölf Uhr siebzehn legte er sich aufs Ohr; denn das war die Zeit, wo die beiden Banditen an der hinteren Tür warten wollten.

Er stieg ins Schlüsselloch und schloß die Türe auf. Von dort lief er zur Alarmanlage und klemmte sie ab. Dann trugen die Räuber ihn in den Keller, und dort aß er erst zwei ganze Brote und eine Dose Leberwurst von achthundert Gramm; denn diese standen ihm jeweils ab Mitternacht zu. Dann trank er zwei Schnäpschen und einen noch obendrauf. »Denn Gefahr macht eine kalte Brust«, sagte er und stieg in das komplizierte Schloß des Tresors und sang ziemlich laut:

»La Schatte, die Katz',
und le Kokke, der Hahn,
ich will euch mal zeiheigen,
was der Dahaumerling kann!«

Er trank noch einen Schnaps und schloß innen im Schloß des Tresors das Schloß auf. Während er dort bastelte, tranken die beiden Bankräuber Kleinkaliber und Lockenkopp auch jeder einen Schnaps und dann noch einen, und dann fingen sie leise an, mitzusingen:

14

schöner
busel=
hnaps

ff
erwurst

»La Schatte, die Katz',
le Kokke, der Hahn,
wir werden euch zeigen,
was der Daumerling kann,
fiderallala...«

Als der Tresor aufgeschlossen war, gingen sie hinein und trugen acht Säcke Geld heraus. Sie gossen sich jeder noch zwei Schnäpse in den Bauch, und als sie aus der Bank gingen, erwischte sie die Polizei; denn sie sangen zu laut.

Sie kamen ins Gefängnis, und ihr Name stand in allen Zeitungen:

»Der Bankräuber Kleinkaliber und sein Komplice Lockenkopp,
zwei langgesuchte Ganoven,
und des Schneiders Daumerling ... und so weiter ...
wurden gefaßt...«

Das aber las des Daumerlings Vater, der Schneider, der seinen Sohn schon überall gesucht hatte. Sofort nahm er den schlauesten Fuchs von Anwalt. Kleinkaliber und Lockenkopp wurden für viele Jahre in den Knast gesteckt, des Schneiders Daumerling aber wurde dank des schlauen Anwalts freigesprochen. Der Schneider aber mußte seine Gänse und sein bißchen Hab und Gut verkaufen, um den Rechtsanwalt zu bezahlen.

»Ist doch besser«, sagte der Anwalt, »in Armut mit seinem verlorenen Sohn zusammenzuwohnen als umgekehrt.«

Und das hat ihm wohl der Schneider geglaubt. Oder nicht.

Das singende, springende Löweneckerchen

s war einmal ein Mann, der hatte drei Töchter: die älteste, die mittlere und die jüngste. Die jüngste war unleidlich, launisch und eigensinnig. Der Mann jedoch mochte die jüngste am liebsten.

Einmal ging er auf Reisen und fragte seine drei Töchter, was er ihnen mitbringen solle.

»Ich möchte einen Pelzmantel aus braungrauem Affenfell mit schwarzem Ledergurt«, sagte die älteste. »Und bitte noch ein Zigeunerkleid und passenden Schmuck dazu aus Silbermünzen mit kleinen Glocken daran.«

»Und ich möchte bitte ein Paar Stiefel aus weichem Leder bis über die Knie und ein Paar schwarze Schuhe und ein Paar rötliche Schuhe mit Silberschnallen, alle mit halbhohen, modernen Absätzen.«

»Ich will ein singendes, springendes Löweneckerchen«, sagte die jüngste Tochter.

Der Mann war sehr reich und konnte alles kaufen, was es gab, aber ein singendes, springendes Löweneckerchen kannte er nicht. Doch mochte er seine jüngste Tochter am liebsten und fragte: »Was ist das, mein Kind?«

»Such es doch!« sagte die Tochter, und so verbrachte der Mann die Reise fast nur damit, ein singendes, springendes Löweneckerchen zu suchen.

Er fragte überall, aber niemand kannte ein singendes, springendes Löweneckerchen. Er ging zu den Zirkusleuten. Ging zu der Zeitung. Fragte an der Universität. Fragte beim Fernsehen und im Zoo. Aber keiner kannte ein singendes, springendes Löweneckerchen. Er kaufte sich Bücher, schlief kaum noch bei Nacht und las im Hotel die Bücher durch. Denn seine jüngste Tochter mochte er am liebsten.

Und so fuhr er ein halbes Jahr länger herum, als er eigentlich wollte, bis er in eine kleine Stadt kam. Dort traf er einen Mann, der sagte, er wüßte, wo man so ein singendes, springendes Löweneckerchen bekäme. Er könne es bis übermorgen beschaffen.

»Allerdings wird es teuer sein«, sagte er. »Selbst wenn ich dafür nur fünf Tausender nehme, ist es noch halb geschenkt.«

Der reiche Mann war froh, endlich das singende, springende Löweneckerchen gefunden zu haben, und wollte auch jeden Preis dafür bezahlen, denn seine jüngste Tochter mochte er doch am liebsten.

Der Mann in der kleinen Stadt brachte ihm nach zwei Tagen einen Vogel in einem Käfig.

»Singen tut er, springen tut er, also wird er auch ein Löweneckerchen sein«, dachte der reiche Mann. Er zahlte, nahm den Käfig und fuhr auf dem kürzesten Weg wieder nach Hause.

Er brachte der ältesten Tochter den Affenpelz, das Zigeunerkleid und den Schmuck. Der mittleren Tochter all die Schuhe, die sie gewollt hatte, der jüngsten aber gab er das singende, springende Löweneckerchen.

Ausgelacht hat sie ihn: »Haha, das nennst du ein singendes, springendes Löweneckerchen? Ein Vogel ist das, ein einfacher, gewöhnlicher Kanarienvogel, dreißig Mark das Stück in der Vogelhandlung. Ich will ihn nicht, ich will ein singendes, springendes Löweneckerchen, sonst nichts.«

Ein Vogel war das, ein einfache, gewöhnlicher Kanarienvogel. 30 Mark das Stück, in der Vogelhandlung. Weibchen sind billiger weil sie nicht singen.

Und in der Tat war der Mann einem Schwindler auf den Leim gegangen, der ihm einen gewöhnlichen Kanari aufgeschwatzt hatte. Da fing die jüngste Tochter laut an zu heulen. Ja, sie legte sich ins Bett und aß so lange nichts mehr, bis sie krank wurde. Und als sie dann gar noch sterben wollte, wenn der Vater ihr kein singendes, springendes Löweneckerchen besorgen wolle, packte der Mann wieder seine Sachen und fuhr abermals los, das singende, springende Löweneckerchen zu suchen.

Dieses Mal ging er zu anderen Zeitungen, fuhr in fremde Länder, bestieg Berge und fuhr mit dem Schiff über den Atlantik; denn er wollte nicht ohne singendes, springendes Löweneckerchen nach Hause kommen, weil er doch seine jüngste Tochter am liebsten mochte.

Und dann kam er in eine kleine Stadt, dort sagte ihm ein Mann, er könne ein singendes, springendes Löweneckerchen besorgen, nur brauche er eine Woche Zeit.

»Meinetwegen ein Jahr, nur bringen Sie's mir, es ist für meine jüngste Tochter!«

»Aber es wird nicht wenig kosten. Selbst wenn ich achttausend dafür nehme, ist das noch halb geschenkt.«

Und nach einer Woche brachte der Mann einen kleinen Hund.

»Er singt nicht«, dachte der Vater, »aber er springt. Also ist es erstens kein Vogel, dann muß es zweitens wohl ein Löweneckerchen sein.«

Er bezahlte acht Tausender und fuhr auf dem kürzesten Weg wieder nach Hause.

Und wieder fing die jüngste Tochter an zu heulen, nur viel lauter, als beim ersten Mal: »Waaas, das nennst du ein singendes, springendes Löweneckerchen? Soll ich dir sagen, was das ist? Ein Hund. Jawohl, ein Hund. Ich will keinen Hund, den kannst du dir auf den Hut stecken. Ich will ein singendes, springendes Löweneckerchen, sonst nichts.«

Sie legte sich sofort wieder ins Bett und war krank.

Diesmal blieb der Vater nur eine Nacht zu Hause, um sich etwas auszuruhen, fuhr am nächsten Tag in der Frühe gleich wieder los, um das singende, springende Löweneckerchen zu suchen; denn seine jüngste Tochter

mochte er wohl am liebsten. Er flog mit dem Flugzeug um die halbe Welt. Stieg auf Berge. Tauchte ins Meer. Fragte alle Professoren in Amerika und Rußland, aber keiner kannte ein singendes, springendes Löweneckerchen. Zwölf Jahre war der Vater schon unterwegs, und seine Haare waren weiß geworden. Er war alt und mager, die Hosen schlotterten ihm um die Knie, und die Jacke rutschte ihm fast von der Schulter. Da traf er einen alten Jäger, der schon alle Tiere der Welt gejagt hatte.

Der Jäger sagte: »Klar! Da müssen Sie nach Afrika, Mann, den Löwen auflauern. Ist doch ganz logisch, das hören Sie doch schon am Namen: Lö-wen-eckerchen. Nicht!«

Also fuhr der alte Vater nach Afrika. Sein halbes Vermögen hatte er schon auf den Reisen ausgegeben, denn seine jüngste Tochter mochte er doch am liebsten.

Ohne Furcht ging er an den größten und stärksten Löwen 'ran, fragte ihn nach einem singenden, springenden Löweneckerchen.

»Freilich«, sagte der Löwe. »Freilich können Sie das bekommen. Nur brauche ich dafür erst einmal etwas, was singt. Je schöner es singt, um so besser funktioniert der Zauber. Bringen Sie mir etwas, was singt.«

Da fing ihm der alte Vater eine Nachtigall, die sang wohl am schönsten, und brachte sie dem Löwen. Der fraß sie auf und sagte: »Hat geschmeckt. Jetzt brauch' ich noch etwas, was springt. Und je besser es springt, um so besser wirkt der Zauber, klar?«

Also fing ihm der Vater einen Hasen.

Der Löwe fraß den Hasen auf und sagte: »Hat geschmeckt. Und jetzt hat der Zauber gewirkt, und ich zeige Ihnen das kleine singende, springende Löweneckerchen, kommen Sie doch mal her!«

Und dann fraß er den armen reichen Mann auf.

Als der Vater so lange nicht wiederkam, die jüngste Tochter aber schon größer war und erwachsen, kamen viele Freier, die drei Schwestern zu heiraten. Die meisten von ihnen wollten aber nur die jüngste haben.

Zum ersten Freier, der kam, sagte die jüngste Tocher: »Kannst mich kriegen, aber zuerst bring mir ein singendes, springendes Löweneckerchen, sonst will ich nichts.«

Da zog der junge Mann fort, fragte überall herum. Studierte in Büchern, ging in den Zirkus, fragte den Zoodirektor von Frankfurt, aber niemand kannte ein singendes, springendes Löweneckerchen genau. Bis er in das erste Dorf kam, wo der Mann ihm einen Kanari für teures Geld verkaufte.

»Ha, daß ich nicht lache«, sagte das Mädchen, als er damit ankam. »Ein Vogel ist das, ein gewöhnlicher Vogel, den kannst du deiner Oma zu Ostern schenken. Ich will ein singendes, springendes Löweneckerchen, sonst nichts.«

Und wieder zog der junge Mann los; denn er mochte das Mädchen am liebsten von allen Mädchen, und er kam auch in die zweite kleine Stadt, wo der Mann ihm den Hund verkaufte. Es ging ihm, wie seinerzeit dem

Vater, und er ging wieder los, traf den Jäger, der ihn nach Afrika schickte. Auch er fing für den Löwen eine Nachtigall und einen Hasen und wurde obendrein mitsamt den beiden Tieren vom Löwen verspeist.

Und ein zweiter junger Mensch freite um das Mädchen, auch ein dritter und vierter, und allen erging es gleich. Sie suchten das singende, springende Löweneckerchen und wurden von dem Löwen gefressen.

Als nun der Vater und insgesamt schon acht junge Leute wegen dem singenden, springenden Löweneckerchen tot waren, kam ein letzter Freier. »Ich will dir das singende, springende Löweneckerchen wohl bringen«, sagte er, ging weg und kam nach drei Tagen und drei Nächten wieder. Er legte eine kleine eiserne Dose auf den Tisch und sagte: »Da.«

Das Mädchen wollte die Dose öffnen, der Jüngling sagte: »Halt! Zuerst muß ich mich in Sicherheit bringen. Dann muß ich die Tür von außen mit Eisen verrammeln und die Fenster vernageln und die Feuerwehr und die Polizei alarmieren. Die Häuser in der Umgebung müssen geräumt werden, und dann kannst du die Dose gerne öffnen.«

Das Mädchen erschrak, zog schnell die Hand weg und sagte: »Morgen machen wir's auf, ja!«

Aber sie machte es nie auf.

Den jungen Mann jedoch mußte sie nun heiraten. Freilich wurde die Ehe nicht so sehr schön, aber immer, wenn das Mädchen wieder eigensinnig und launisch war, holte der Mann die eiserne Dose, legte sie auf den Tisch und tat so, als wolle er sie öffnen, und das Mädchen wurde sofort friedlich wie ein junges Schaf.

So ging es ein Jahr um das andere Jahr gut. Als sie beide gestorben waren und unter der Erde lagen, wußte niemand mehr etwas von dem singenden, springenden Löweneckerchen. Ein kleiner Junge, wohl der Urenkel der beiden Leute, machte einmal die kleine eiserne Dose auf.

Was da drin war? Ganz einfach nichts.

Das Ditmarsische Fliegenmärchen

Ich will euch was erzählen:
Ich sah zwei gebratene Fliegen fliegen, flogen schnell und kamen langsam voran. In Kolmar am Rhein haben sie auf dem Hühnermarkt eine Bäuerin gekauft und haben sie in einen Hühnerstall gesperrt, der Bauer aber war der Hahn. Er mußte hundertmal am Tage Körner fressen und Eier legen und hatte einen gefiederten Schweif. Nach drei Tagen, als der Bauer und die Bäuerin mager genug waren, haben sie diese verkauft und haben sich für das Geld hundert Liter Bier gekauft, dieses haben sie dem König ins Hemd geschüttet, da wurde der so leicht, daß er wie ein Luftballon auf und davon geflogen ist, bis er sich in der Wurzel von einem Baum ganz oben verfing. »Fliegenfänger, Königsfänger,
Fliegen haben Doppelgänger,
schießt der Jäger heut' mit Schrot,
ist der König morgen tot!«

sangen die Fliegen. Zwei Hasen haben auf dem Teich Polka getanzt, und die Haifische haben dazu die Fiedel gegeigt, die Amerikaner sind alle ersoffen. Die Amerikaner sind runde Kuchen, das ist nicht gelogen. Wenn das nicht gelogen ist, ist nichts gelogen, nur die Fliegen sind weggeflogen.

Das Lumpengesindel

Die kleine Henne sagte zum kleinen Hahn: »Steh auf, heute ist ein schöner Tag! Setz deinen Hut auf und zieh dir deine Stiefel an, wir wollen auf den Markt gehen und uns Nüsse kaufen, bevor sie schon wieder teurer werden!«

»Ist gut«, sagte der kleine Hahn, setzte seinen englischen Hut auf mit der Feder darauf, zog seine Stiefel an mit den Sporen daran, und die kleine Henne zog ihr schönes Kleid an. Dann gingen sie los. Die Straßenbahn hatte schon wieder Verspätung, dann war sie auch noch überfüllt.

»Steigen Sie bitte hinten ein, vorne nur Wochenkarten! Gehen Sie in die Mitte durch! Lassen Sie doch die anderen Herrschaften auch herein!« rief der Schaffner. Und Hunde mitbringen war verboten! Rauchen war verboten! In den Wagen spucken war verboten! Während der Fahrt abspringen war verboten! Alles war verboten!

»Wenn ein Tag schon so anfängt«, sagte der kleine Hahn, »hab' ich gleich schlechte Laune.«

Und er drängte sich zwischen die Leute, mußte stehen. Die kleine Henne stand sogar nur auf einem Bein. Aber der kleine Hahn fing an, unauffällig und raffiniert eine alte Ente mit seinem Schwanz unter dem Flügel zu kitzeln, bis sie es nicht mehr aushalten konnte vor Lachen und bei der Haltestelle Fasanengarten ausstieg.

Ab da konnte er sitzen.

Der Schaffner rief: »Wer ist noch zugestiegen? Bitte, die Fahrkarten!«

Der kleine Hahn aber und die kleine Henne guckten zum Fenster hinaus, als hätten sie nichts gehört, und der Schaffner vergaß zu kassieren.

So ein Lumpengesindel.

Auf dem Markt kauften sie sich zwei Tüten, eine mit Hasel- und eine mit Strohnüssen, und während sich die kleine Henne mit der Marktfrau zankte, klaute der kleine Hahn einen Hut voll Wallnüsse.

1.

2.

3.

Bin ich schön?

o.k.

4.

5.

So ein Lumpengesindel.

Die Sonne schien schön, und die Luft war gut, die beiden setzten sich unter den Vogelbrunnen, aßen ihre Nüsse und spuckten die Schalen auf die Erde. Der Tag verging ihnen, ehe sie es sich versahen. Und weil dort ein alter Mann saß, der eine Flasche Bier hatte, blieben sie bis zum Abend; denn immer wenn er für eine Weile eingenickt war, soff das Lumpengesindel ihm die Hälfte von seinem Bier weg. So kam es, daß sie ein bißchen betrunken waren, als die Marktfrauen ihre Buden zusammenpackten und nach Hause gingen.

»Weißt du was«, sagte die kleine Henne, »trag' mich ein Stückl, du bist doch mein Mann!«

»Dumm werd' ich sein«, sagte der kleine Hahn. »Ich – dich – tragen! Trag du mich doch, ich bin der Vater und der Herr im Stall.«

Und wie sie sich so herumzankten, hin- und herschwankten, kam eine alte Ente, die auf dem Markt Abfallgemüse gesammelt hatte, und sagte, weil sie nicht allein das Taxi zahlen wollte: »Streitet euch da herum, ihr Dummköpfe, und bewegt euch unnötig und werdet davon müde. Schlaft hier ein, holt euch einen Schnupfen, kommt die Polizei, nimmt euch mit, sperrt euch ein wegen öffentlichen Herumstreunens, und ihr zahlt obendrein Strafe und habt außerdem noch die Schande auf den Federn. Schnatt schnatt. Laßt uns lieber derweil zusammenlegen und eine Taxe nehmen, die kost' nicht mehr als dreidreißig. Ich wohne am Schittberg 11, wo wohnt denn ihr?«

Die beiden wohnten am Lattenzaun 432, also in derselben Gegend, nur eine Straße mehr nach links. Just als die drei in die Taxe steigen wollten, kam von der anderen Seite ein Liebespaar, eine Stopfnadel und eine Stecknadel, und wollten in dieselbe Taxe. Jeder versuchte, den anderen vom Trittbrett zu stoßen.

Als die kleine Henne der Stopfnadel in den Hintern treten wollte, trat sie daneben, weil die Stopfnadel so mager war. Und an der Stecknadel stach sich die kleine Henne. Da sagte sie: »Wir wollen anständig sein und die beiden mitnehmen, meine ich. Dafür kostet das auch für jeden weniger,

6.

TRAG MICH, HAHN!
DU BIST DOCH
MEIN MANN.

7.

8.

9.

weil sie etwas mehr bezahlen müssen. Dafür dürfen sie ja schließlich mit uns fahren, nicht wahr?«

In der Taxe setzten sich die kleine Henne und der kleine Hahn so breitbeinig hin, als wären sie Grafen oder wollten hier Eier ausbrüten, so daß die arme alte Ente und die arme Stecknadel und auch die arme Stopfnadel beinahe erstickt wären.

So ein Lumpengesindel.

Als sie ein Stück gefahren und am Lattenzaun Nummer 374 schon vorbei waren, packte der kleine Hahn schnell die Stopfnadel und steckte sie von hinten in die Sitzlehne des Schofförs.

Die kleine Henne griff sich die Stecknadel und heftete damit den Taxifahrer mit seiner Jacke an den Sitz.

Beim Lattenzaun Nummer 452 sagte der kleine Hahn: »Schnell, halten Sie an, meine Frau muß kotzen.«

Und der Taxifahrer, der wohl um seine Fußmatten fürchtete, hielt schnell an. Die kleine Henne flatterte aus dem Taxi, der kleine Hahn sofort hinterher, und sie flogen über den Lattenzaun und verschwanden im Dunkeln. Der Taxifahrer sprang auf. Da zerriß er sich die Jacke, denn er war mit der Stecknadel festgesteckt.

Er rannte hinter ihnen her, lief noch zwanzig Meter am Zaun entlang, kam aber nicht hinüber und erwischte sie nicht.

In seiner Wut sprang er wieder zurück in sein Auto und stach sich an der Stopfnadel in den Hintern.

Da wollte er sich wenigstens die Ente greifen und vielleicht am Sonntag braten, mit Kartoffelklößen und Blaukraut, und das Wasser lief ihm schon im Mund zusammen, dachte er bloß daran – da war die Ente auch weg. Abgehauen, als sie sah, was geschah!

»Lumpengesindel verfluchtes«, schimpfte der Taxifahrer, und er schwor sich, nie wieder Leute zu befördern, die sich schon beim Einsteigen schlecht benehmen, und wenn sie zehn Paar lackierte Stiefel mit Sporen aus Gold anhätten und hundert englische Hüte auf dem Kopf. Und schon gar nicht solche, die nach Bier stinken.

10.

11.

12.

Ende.

Der Fuchs und die Gänse

inmal traf ein Fuchs sechs schöne Gänse auf der Wiese. Er bekam sofort Appetit und sagte: »Da läuft einem ja das Wasser im Maul zusammen, wenn man euch so sieht. Und wie schön ihr seid! Legt euch hin, Mädels, denn ich werde euch fressen!«

Die Gänse bekamen große Furcht und jammerten. Die älteste von ihnen gackte: »An uns ist wirklich nicht viel dran, Herr Fuchs, oben Federn und drunter nix, gack.«

»Drunter nix, gack!« lachte der Fuchs. »Haha! Gerade auf Drunternix habe ich Appetit. Also los, beeilt euch, ihr seid dran!«

Da dachte die älteste Gans: »Schlau muß man sein!« Laut sagte sie: »Aber beten dürfen wir doch vorher 'n bißchen? Das können Sie uns nicht verwehren. Nur die Gänselitanei!«

Die Gänselitanei dauert nämlich so lange wie das chinesische Vaterunser, und zwar drei Tage.

»Schlau muß man sein«, dachte die alte Gans, »denn in drei Tagen wird der Jäger wohl mal vorbeikommen. Dann brennt er ihm eine Kugel auf den Pelz.« Also fingen die Gänse an zu gackern und zu schnattern und hörten gar nicht auf.

Als das dem Fuchs zu lange dauerte, verlangte er, daß die jüngste Gans inzwischen ein bißchen mit ihm spielen sollte. »Such-mich-jag-mich-hasch-mich!« Und er jagte sie, lief im Kreis um sie herum, warf sie ein bißchen in die Luft, fing sie wieder auf, lief weg, blieb plötzlich stehen, sprang über sie, lief ihr zwischen die Beine und fraß sie auf.

»Pardon«, sagte der Fuchs, »das wollt' ich nicht.« Wischte sich das Gänseblut vom Bart und fummelte sich die Federn vom Pelz. Auffällig umständlich wie einer, der verlegen ist.

Die anderen Gänse erschraken und bekamen wieder Furcht. Die älteste Gans aber dachte: »Schlau muß man sein«, und verstellte sich. Tat so, als hätte sie nichts gemerkt; denn »eine tot, ist besser, als alle tot« und sagte laut: »Wenn Sie erlauben, Herr Fuchs, würden wir Sie gerne zu einem Tänzchen einladen. Federball ist heut' im Hühnerstall, ehe wir sterben müssen, gack.«

Der Fuchs, fürs erste einmal gesättigt, war zu Späßen aufgelegt – etwas das Beinchen schwingen, das Schwänzchen heben, einen Kreisel drehen – und war einverstanden. Er trottete also hinter den Gänsen her, bekam unterwegs etwas Appetit, schnappte sich die hinterste Gans und fraß sie auf.

Die älteste Gans ließ sich wieder nicht anmerken, daß sie's gemerkt hatte, denn sie dachte: »Schlau muß man sein. Wenn wir ihn verärgern, frißt er uns alle. Und eine gefressen, ist immer noch besser, als alle gefressen! Im Hühnerstall sind hundert andere, da wird er sich nicht trauen. Nur schlau muß man sein.«

So kamen sie zum Hühnerstall. Da ging es hoch her. Die Hühner und Gänse und Enten gackerten und schrien, wohl aus Furcht.

Der Fuchs aber sagte: »Wirklich eine wundervolle Musik, Tango, mein' ich«, schnappte sich eine schöne fette Ente und drehte mit ihr eine Runde. Noch während er sie mit den Zähnen am Hals kitzelte, warf er einer jungen Henne feurige Blicke zu. Und als die Ente sich aufregte: »Unverschämt, so was! Hier mit mir zu tanzen und anderen schöne Augen machen«, da fraß er sie auf.

Eigentlich war er schon satt, pirschte sich aber trotzdem an die junge Henne 'ran. »Hunger kommt schneller, als man fressen kann«, hatte sein Vater immer gesagt.

Die älteste Gans von der Wiese aber dachte: »Schlau muß man sein. Ich werde ihn fangen.« Schlich sich hinaus und riegelte den Hühnerstall zu. Gefangen!

Da fingen die anderen im Stall an zu schreien und zu gackern; denn sie waren ja auch gefangen, und zwar mit dem Fuchs zusammen in einem Stall!

»Schlau muß man sein«, dachte die alte Gans. »Man muß nur geschickt verhandeln.«

Der Fuchs, der wieder hinaus wollte, wurde unruhig.

»Sie können doch nicht alle fressen«, fing die alte Gans an. »Sonst lasse ich Sie nicht heraus, dann kommt der Bauer und haut Ihnen eins über den Schädel.«

»Hm«, sagte der Fuchs, »da haben Sie recht. Also, ich bin einverstanden. Aber ein bißchen Fressen werden Sie mir nicht abschlagen können. Oder? Ich meine, ich werde nur die Köpfe fressen, und das ist beim heiligen Reinecke nicht viel.«

Die alte Gans dachte: »Den Kopf gefressen, ist nicht ganz gefressen«, und machte den Käfig auf.

Da biß der Fuchs also allen nur den Kopf ab. Als die alte Gans sah, daß er Wort hielt, sagte sie noch: »Schlau muß man eben sein«, hielt ihm ihren Kopf hin – und hier ist die Geschichte aus.

Vom tapferen Schneider

s war einmal ein kleiner Schneider, der hatte sich einen Apfel in zwei Teile geschnitten. Eine Hälfte wollte er zum Frühstück essen und die zweite nach dem Mittag. Und nach dem Frühstück am Vormittag, als die zweite Hälfte so auf dem Fensterbrett lag, kamen die Fliegen, setzten sich auf den halben Apfel und aßen sich satt. Der kleine Schneider sah das, nahm ein Stück Tuch, schlich sich heran – und schlug zu. Sieben hatte er getötet! Da der kleine Schneider sonst feige war und auch sehr schwach, freute er sich kolossal über seinen Sieg, zählte die sieben toten Fliegen fast dreißig Mal:

»Eins,
zwei,
drei,
vier,
fünf,
sechs,
sieben!
Was bin ich doch für ein gewaltiger Kerl!«

sagte er jedes Mal, und dann nähte er sich ein breites Band, stickte mit einer Nadel und goldenem Garn darauf:

SIEBEN AUF EINEN STREICH

band es sich um den Bauch und ging damit auf die Straße.

Die Leute dort dachten, er habe sieben Feinde auf einen Streich getötet und bewunderten den tapferen Schneider. Das machte ihn stolz und eingebildet.

Nun war aber zu derselben Zeit ein Krieg in dem Land, und der König erfuhr von dem tapferen Mann, der sieben auf einen Streich töten könne, und ließ ihn sofort holen.

»Gebt ihm ein Gewehr!« sagte der König. »Gebt ihm genügend Kugeln und nicht zu wenig Pulver, und dann soll er zeigen, was er kann!«

Und als der Feind kam und die Soldaten des Königs ihm entgegengingen, den Schneider aber vor sich herschickten, zitterte der kleine Schneider vor Angst so sehr, daß der Schuß losging. Da der Feinde aber so viele waren, daß sie dichtgedrängt nebeneinandergingen, traf der Schuß, und einer fiel um. Als der Schneider sah, daß man gar nicht viel Mut brauchte, um auf einen Feind zu schießen, der weit genug weg war, feuerte er sofort noch einmal und dann noch einmal, und hatte bald etliche von ihnen getötet.

Das wurde dem König berichtet, und der Schneider wurde geehrt. Der König verlieh ihm das Kreuz aus Eisen für zehn Getötete.

Der Schneider fand Gefallen daran, ohne Gefahr und von weitem Feinde zu töten. Er sagte: »Man müßte zwei Läufe am Gewehr haben. Zwei Läufe = zwei Tote!«

Da ließ der König ihm eine Waffe mit zwei Läufen anfertigen.

Der Schneider schoß jetzt doppelt so schnell, traf doppelt so viele Feinde, und der König verlieh ihm das Kreuz aus Eisen für zwanzig Getötete.

»Man müßte eine Kanone haben«, sagte der Schneider. »Da sind die Kugeln größer. Ich könnte mehr Feinde töten, die Kugeln gehen weiter, und ich brauch' nicht so nahe 'ranzugehen.«

Sie bauten ihm eine Kanone, und der kleine Schneider schoß jetzt von großer Weite, traf hundert auf einen Schuß, und seine Tapferkeit erschien ihm jetzt noch größer.

»Man müßte an die Kanone mehrere Läufe bauen«, sagte der Schneider. »Fünf Läufe = fünfmal so viele Tote.«

Und sie bauten ihm eine Kanone mit fünf Läufen, so daß der kleine Schneider jetzt fünfmal hundert Feinde tötete, bei jedem Abschuß.

Der König verlieh ihm das Kreuz aus Gold für tausend Getötete, und des Schneiders Mut wuchs und wuchs.

Der König stellte Erfinder ein, die stärkere Waffen erfinden sollten. Waffen, die weiter schossen, die noch mehr Menschen töteten. Und sie bauten für den kleinen Schneider Kanonen, die so weit schossen, daß er den Feind überhaupt nicht mehr sehen mußte. Dadurch wurde die Gefahr für den kleinen Schneider ganz klein und sein Mut noch größer.

Allerdings waren die Leute im Nachbarland bald alle getötet. Da erfanden sie Waffen, die so weit reichten, daß der Schneider bis ins übernächste Land schießen konnte, und dann ins überübernächste. Sie erfanden solche Waffen, die er von seinem Stuhl zu Haus durch einen kleinen Knopf bedienen konnte, ohne sich viel zu bewegen. Auch wurden die Waffen immer stärker, so daß er nur noch ein- oder zweimal abdrücken mußte, um ein ganzes Land zu vernichten.

Und der König verlieh ihm das Kreuz mit Schwertern und Diamanten.

Der Schneider war der tapferste Mann im ganzen Land.

Die Erfinder arbeiteten um die Wette und erfanden bald Waffen, die man gar nicht sehen konnte, die man nicht hören konnte, die man nicht riechen konnte, aber mit denen man drei Länder auf einen Schlag auslöschen, Millionen Menschen töten konnte.

Einmal, als der kleine Schneider den größten Mut verspürte, koppelte er alle, alle Drähte zusammen, bediente von seinem Sofa aus alle Waffen auf einmal mit einem einzigen Finger und zerstörte die ganze Welt.

Sieben aufe
STREICH

Der Froschkönig

s war einmal ein schöner, grüner Froschkönig, dessen Reich in einem kleinen Teich im Wald war. Jeden Tag schwamm er an eine Stelle, wo das Wasser einen Meter sechsundsiebzig tief war und spielte mit einer goldenen Luftkugel. Er ließ sie aufsteigen, schwamm ihr schnell nach, fing sie noch in letzter Sekunde auf, bevor sie die Wasseroberfläche erreicht hatte, und war bald so geschickt, daß er sie noch einen Zehntel Millimeter unter der Oberfläche erwischen konnte.

Das war sein liebstes Spiel. Und einmal – er hatte an diesem Tag wohl schlecht geschlafen, war etwas nervös, auch blendete ihn die Sonne – griff er daneben, und die goldene Luftkugel entwischte ihm, flog hinaus und ging ihm verloren.

Der Froschkönig erschrak, denn draußen auf dem Land war er nicht gut zu Fuß, und wo sollte er lange suchen? Möglicherweise flog die goldene Luftkugel auch in der Luft herum? Ein Frosch ist kein Vogel, wie hätte er sie fangen können?

Da fing er jämmerlich an zu weinen und zu quaken: »Was ist das für Unglück! Ach, du lieber Wassermann, was soll ich nur machen? Ich gäbe alles dafür, hätte ich die goldene Luftkugel nur wieder.«

Da steckte ein Mädchen ihren Kopf durch das Schilf und sagte: »Was jammerst du, Frosch?«

»Da soll ich nicht jammern«, sagte der Froschkönig. »Ich habe meine schöne goldene Luftkugel verloren. Sie muß dort oben irgendwo in der Luft schweben.«

Der schöne, grüne Frosch gefiel dem Mädchen aber sehr gut, und sie verliebte sich in ihn und sagte: »Wenn du mich heiratest, fang' ich dir die goldene Luftkugel.«

Das Mädchen freilich gefiel dem Froschkönig überhaupt nicht, denn sie war nicht besonders schön. Sie hatte zu kurze Beine, war auch etwas zu

dick, und ihre Haare waren wie Stroh. Aber in seiner Not und weil er an der goldenen Luftkugel hing, dachte er: »Was redet sie da für dummes Zeug? Sie kann erstens gar nicht tauchen und vielleicht auch nicht schwimmen, außerdem ist sie doch ein Landmensch. Was will sie hier unten im Wasser?«

Dann sagte er: »Ja, ist gut. Aber bring mir schnell meine goldene Luftkugel!«

Das Mädchen fing ihm die Kugel, aber kaum hatte er sie, tauchte er unter und verschwand.

Und kaum war er unter Wasser, vergaß er auch das Mädchen, aber sie rief ihm nach: »Warte! Warte doch auf mich, mein lieber Mann! Hast du mir nicht die Ehe versprochen?«

Sie zog sich das Kleid nicht erst lange aus und sprang ins Wasser.

Unten saß der Froschkönig in seinem Wasserschloß beim Essen, als es an die Tür klopfte und jemand rief: »Mach mir auf, Froschkönig! Laß mich herein, hier bin ich, deine liebe Frau!«

Der Froschkönig stellte sich taub, aß weiter, und sie rief wieder: »Froschkönig, mein Liebster! Mach doch endlich auf, hier bin ich, Suse, deine Frau!«

Da sagte der alte Vater des Froschkönigs, der als weise und gerecht galt und von allen Wassertieren sehr geehrt wurde: »Was ist das für ein Lärm, mein Sohn?«

»Ach«, sagte der schöne, grüne Froschkönig, »das ist so ein kümmerliches Mädchen, Beine zu kurz, Hintern zu dick, von oben bis unten keine Schönheit, die will mich heiraten. Aber sie gefällt mir nicht.«

»Wie kommt sie dazu?« fragte der alte Froschkönigsvater. »Du wirst ihr doch nichts angetan oder ihr gar deine Pfote versprochen haben?«

Der schöne, grüne Froschkönig war etwas verlegen und sagte: »Nein, ja, ich meine – ich habe, nein – das heißt, das war so . . .«

»Also, mit der Sprache heraus«, sagte der alte Froschkönigsvater, »ich sehe schon, du hast ihr den Kopf verdreht. Geh hinaus und hole sie herein!«

Und vor der Tür rief das Mädchen:

»Froschkönig, mein Liebster,
laß mich 'rein!
Weißt du nicht mehr, was du mir oben
im Schilf versprochen hast?
Froschkönig, Liebster,
laß mich doch endlich herein.«

Als der schöne, grüne Froschkönig die Tür aufmachte und sie hereinkam und ihn so sah in seiner schönen, grünen Farbe, die hier unten im Wasser in seinem Schloß noch viel, viel schöner war, verliebte sie sich noch mehr in ihn und wurde ganz verrückt davon. Sie setzte sich neben ihn an den Tisch und aß von seinem goldenen Teller.

Es gab Fliegen und Mückensalat, aber sie aß mit so viel Appetit, als wären es gezuckerte Himbeeren. Die Liebe macht wohl blind und taub und verwirrt die Sinne. Dann trank sie aus seinem goldenen Becher, aber es war wieder nichts anderes drin als Wasser aus dem Teich, doch es schmeckte ihr wie Honigmilch.

»Komm, mein lieber Mann«, sagte das Mädchen, »ich bin ja sooo müde.«
Der schöne, grüne Froschkönig erschrak, wenn er daran dachte, daß er

neben dem kümmerlichen Mädchen liegen sollte. Aber weil sein gerechter, alter Vater ihn so streng anschaute, nahm er das Mädchen bei der Hand und schwamm mit ihr in sein Gemach.

Doch kaum waren sie aus dem Saal, nahm der schöne, grüne Froschkönig das Mädchen in den Schwitzkasten und wollte sie im tiefsten Wasser ertränken. Sie ließ dies alles gutwillig mit sich geschehen, und kaum war sie tot, verwandelte sie sich in eine schöne, grüne Froschprinzessin, schöner als jede Froschprinzessin, die der Froschkönig je sah.

Da war der Froschkönig aber sehr, sehr froh, und er umarmte sie. Sie ward seine Gemahlin, und durch das Wasser schien von oben der Vollmond. Und immer, immer wieder erzählte ihm die schöne, grüne Froschkönigin, wie sie sich einmal als Froschkind zu weit vom Teich ihres Vaters weggewagt hatte, von einem Menschen gefangen worden war, in ein Glas gesteckt wurde und sich dann in ihrer letzten Not in einen Menschen verwandeln mußte, um in dem Glas nicht elendig zu sterben. Damit aber kein anderer Mensch sie zur Frau nahm, wurde sie ein kümmerliches, häßliches Mädchen. Hätte sie nämlich oben auf dem Land geheiratet, hätte sie nie, nie wieder zurückgedurft ins kühle Wasser.

Frau Holle

Es war einmal eine
Frau, die hieß
Holle, und immer,
wenn sie ihre Betten
schüttelte, schneite es
auf der Welt. Frau Holle
muß wohl sehr groß ge-
wesen sein. Dabei war es so,
daß es in manchen Gegenden
mehr schneite und in manchen
weniger. Das mag wohl daher gekommen
sein, daß sie manchmal ihre Betten weniger
schüttelte, manchmal wieder mehr. Genauso
mag das mit dem Regen gewesen sein. Nahm
sie ihre Gießkanne und begoß ihre Blumen,
schon regnete es auf der Welt.

Aber wie man sich denken kann, war das
viel Arbeit für eine Person. Die Menschen
vermehrten sich und vermehrten sich,

sie brauchten mehr Schnee und mehr Regen. Aber alles sollte auch gerecht verteilt werden. Frau Holle mußte darauf achten, daß es nirgends zuviel und nirgends zuwenig schneite – oder regnete, daß die einen nicht unter dem Schnee begraben wurden und die anderen nicht ewigen Sommer hatten. Kurz, zu viel Arbeit für eine Person!

Frau Holle hätte ein Dienstmädchen gebraucht, das ihr half. Aber es gab keine Dienstmädchen, denn niemand wollte gern arbeiten. So versah Frau Holle ihre Arbeit schlecht und recht und so gut sie es konnte allein. Und es kam, wie es kommen mußte, bald ging es auf der Welt drunter und drüber.

In der einen Gegend schneite es zuviel, in der anderen zuwenig. In manchen Ländern schneite es ganz schwach, und dann wieder wurden die Leute vom Schnee begraben. Es ist heute noch so, daß es in Alicante und in Tunis und in Sizilien überhaupt nicht schneit, aber in Grönland und in Alaska sieht man nichts anderes als nur Schnee und Schnee und Schnee und Eis.

Das allein war aber nicht alles. Beispielsweise die Schlittenmacher, die in einem Dorf immer ihr Auskommen hatten, weil es dort schön schneite und die Leute sich Schlitten kauften, die hatten auf einmal nichts mehr zu tun, weil es dort plötzlich aufhörte und dafür ganz woanders schneite. Also mußten sie verhungern oder stattdessen Handwagen mit Rädern bauen.

Nicht viel anders erging es den Schuhfabrikanten, die Winterschuhe machten. Hörte es bei ihnen auf zu schneien, weil Frau Holle mit der Arbeit nicht nachkam, konnten sie ihre Fabrik abreißen, die Maschinen einpacken und die Facharbeiter umquartieren und in eine andere Gegend umziehen. So ein Umzug war teuer, denn sie mußten alles aus der eigenen Tasche bezahlen, und für viele war das der Ruin. Natürlich konnten sie versuchen, den Laden auf Sommersandalen umzustellen, aber das war gehupft wie gesprungen, denn dafür mußten sie neue Maschinen kaufen.

Aber das war noch nicht alles. Denn Frau Holle hatte auch einen Backofen. Darin buk sie das Brot. Und je mehr Menschen geboren wurden, um so mehr Brot wurde gebraucht. Und als Frau Holle die Arbeit nicht mehr schaffte, geschah es, daß auf einmal in manchen Ländern die Leute überhaupt kein Brot mehr hatten und auf der Straße vor Hunger starben. In anderen Ländern aber hatten sie zuviel, konnten die Straßen damit pflastern und die Hochöfen heizen. Dazu kam es auch noch so, daß die, die zuviel Brot hatten, auch noch das Brot haben wollten von denen, die zuwenig hatten und vor Hunger starben. Also fingen sie Kriege an, erfanden furchtbare Waffen, mit denen sie die, die sowieso schon halb verhungert waren, schneller und aus der Ferne umbringen konnten.

Das war noch nicht alles, denn die Frau Holle hatte auch einen Apfelbaum. Und weil niemand da war, der die Äpfel einsammelte, den Baum schüttelte, wenn das Obst reif war, kam es auch hier bald so, daß manche so viele Äpfel hatten, daß sie Schnaps daraus machten, andere hatten gar keine. Die, die Schnaps tranken, prügelten ihre Kinder und wurden mit der Zeit immer dümmer; denn Schnaps macht dumm. Und die Kinder verloren die Ehrfurcht vor ihren dummen, besoffenen Eltern. Sie lehnten sich auf, ließen sich die Haare nicht mehr schneiden, wuschen sich nicht. Sie zogen sich anstelle von Kleidern alte bunte Gardinen und Tischdecken an und setzten sich auf der Straße auf die Erde und wollten erst recht nicht mehr arbeiten.

Auf der Welt ging alles drunter und drüber. Es herrschte Überfluß und Hungersnot, Totschlag, Mord. Dafür wurden immer mehr Menschen geboren. Es gab von allem zuwenig und von allem zuviel.

Doch der Frau Holle wollte niemand helfen.

Einmal freilich kam ein Mädchen mit Namen Maria und half der Frau Holle. Sie war fleißig, nahm das Brot aus dem Backofen, schüttelte den Apfelbaum und die Betten, und auf einmal war auf der Welt alles in Ordnung. Doch nur für drei Tage. Denn am dritten Tag lernte das Mädchen einen Konditor kennen. Und da sie ihn liebte und jetzt auch etwas vom Brotbacken verstand, ging sie mit ihm. Was ging es sie an, ob die Welt in Ordnung war oder nicht, wenn sie zu ihrem Konditor wollte? Auf der Welt hatte man das nicht einmal gemerkt, daß drei Tage lang alles in Ordnung

war. Dabei bezahlte
Frau Holle sie gut, mit
Gold. Und als Marias
Schwester davon erfuhr,
nahm sie die Stelle bei
der Frau Holle an. Aber
sie war faul. Sie setzte
sich neben den Back-
ofen und ließ das Brot
verbrennen. Sie legte
sich neben den Apfel-
baum und ließ die
Äpfel verfaulen. Sie
schüttelte die Betten
nicht, kurz, in der Welt
wurde es noch viel
schlimmer als zuvor.
Und wenn nicht bald
jemand hingeht und der
Frau Holle etwas hilft,
dann wird es auf der
Welt noch viel, viel
schlimmer werden.

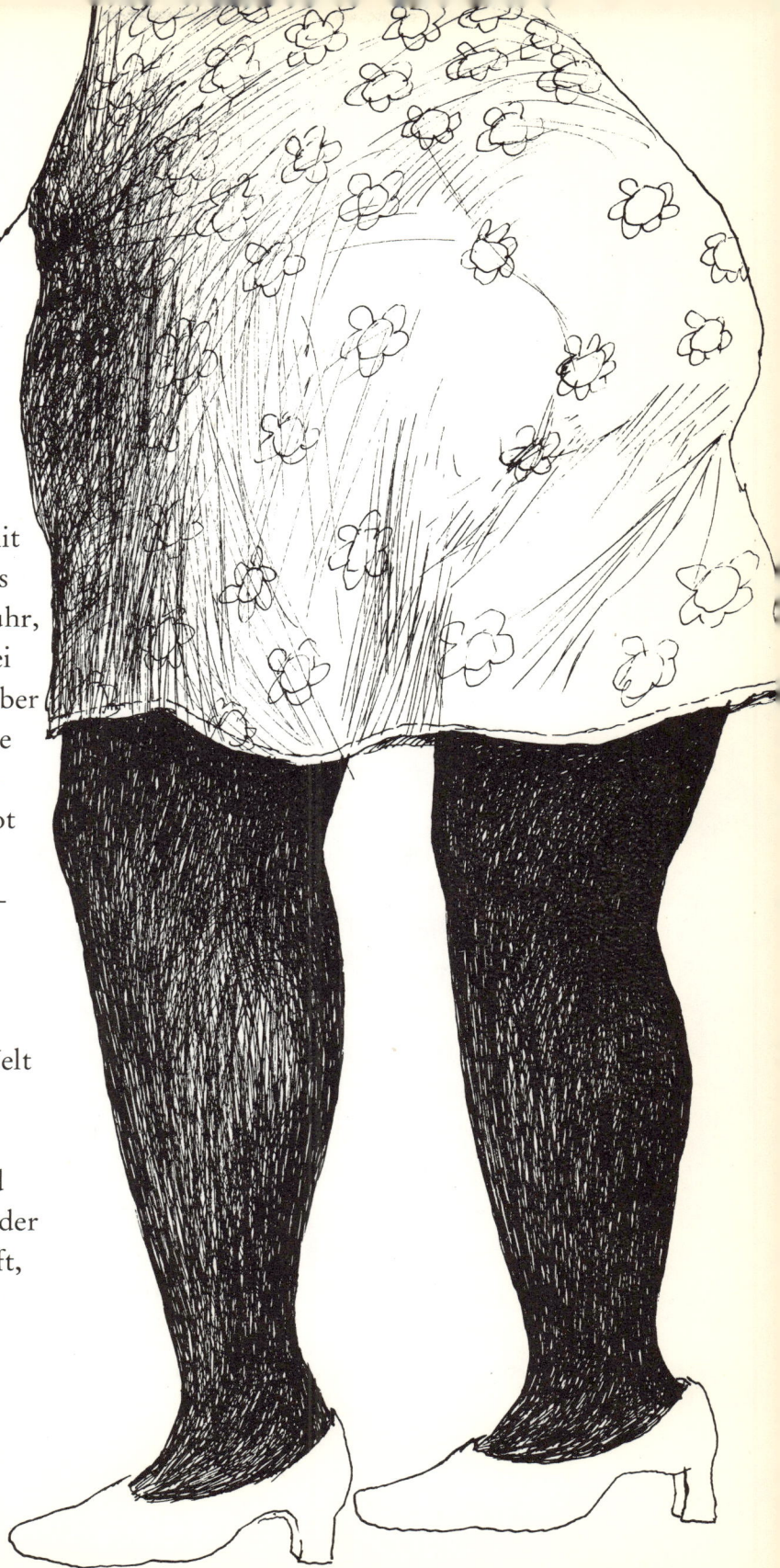

Der singende Knochen

Es war einmal ein junger Bursche, dem waren Geld und Reichtum egal. Was er besaß, trug er auf dem Leib: Hose, Jacke, Hemd und Schuhe und im Winter eine Mütze. Bekam er mehr, ließ er es irgendwo liegen, damit's ein anderer finden konnte. Für ihn gab es nur Musik, und er konnte wunderbar spielen. Er spielte, wo er hinging, spielte ein Lied, wenn er wo saß; er hörte immer Musik in sich, die mußte er spielen, spielen. Schön war das!

Kam er auf einen Berg, wo Holz wuchs, das der Wind ausgedörrt hatte, setzte er sich hin und schnitzte eine Flöte. Und alle Lieder, die der Wind über den Berg geweht hatte, konnte der Junge aus dem Holz, aus der Flöte wieder herauslocken.

Saß er an einem Teich, machte er aus Schilf eine Flöte, und alle Lieder, die das Wasser und die Wasservögel über das Schilf gesungen haben, konnte er spielen.

Saß er auf der Wiese, baute er sich eine kleine Geige.

So ging er vor sich hin, kam auch in andere Länder. Um Essen und Trinken brauchte er sich nicht zu sorgen. Die Leute gaben ihm beides, weil er Musik machte.

Einmal war er auf einer Insel. Dort gab es wenig Leute, nur trockene Wälder und heißen Sand und das Meer und die Sonne.

Als der Junge durch den Sand ging, fand er einen Vogelknochen, ein Vogelbein, das war weiß und zerbrechlich, innen hohl. Daraus machte er sich eine Flöte. Und als er darauf spielte, klang es auf einmal sehr seltsam, verzaubert und schön. Es war ein Lied, aber es war auch eine Geschichte. Eine Geschichte von einem heiligen Vogel, und der Junge fing an zu schweben über dem Meer, ganz hoch war er auf einmal, über Traumländern, die niemand kannte.

Der Vogelknochen war ein Bein des heiligen Vogels Kolp, den die Menschen vor achthundert Jahren totgeschlagen hatten. Seinen toten Leib hatte niemand gefunden, denn der Wind hatte ihn fortgetragen, bis hierher, und auf der Insel in den Sand gelegt. Und je länger der Junge spielte, um so schöner sang das Vogelbein; es gab keine Zeit mehr, und gestern war heute und heute war gestern und gestern war morgen, alles war gleichzeitig, und überall war hier, alles war eins.

Einmal hörte der Junge auf zu spielen. Er kam wieder zu Leuten, und da geschah etwas Wunderbares, wenn das Vogelbein sang: Jeder erfuhr eine andere Geschichte. Der Gesang war ein Lied, und es waren Töne, aber auch eine Geschichte. Wer zum Beispiel etwas suchte, wußte auf einmal, wo er es finden konnte. Oder wer Sorgen hatte, wußte auf einmal, wieviel sie wert waren, meistens nichts. Wem ein Freund gestorben war, der wußte jetzt, wo er war. Nicht weg, nein, er war da, hier, neben ihm. Und die ganz Glücklichen schwebten hoch, hoch, sie waren wie der heilige Vogel Kolp, waren Wolken und Himmel und Feuer und Sand, waren Lachen und Weinen und Regen und Sonne, aber auch ein Baum.

Wenn der Junge auf dem Vogelbein blies, war alles in Ordnung. So, als ob der heilige Vogel Kolp noch lebte.

Der kluge Knecht

in Bauer hatte mal so einen klugen Hannes zum Knecht. Der hörte sich immer alles an, was der Bauer ihm sagte, und antwortete: »Wohl, wohl, werd' ich machen.«

Aber dann machte er's doch anders. Machte es so, wie's ihm einfiel, oder machte es gar nicht. Der Bauer war froh, so einen klugen Knecht zu haben, denn er dachte sich: »Wenn er's so macht, wie er's macht, wird er schon wissen, wie er's machen soll, und ich brauch' ihm nicht zu sagen, daß er's so machen soll, wie er's macht.«

Einmal war dem Bauern eine Kuh entlaufen.

Hannes ging los. Er nahm sich noch etliches zu essen mit und Bier. Tabak für die Pfeife nicht vergessen! Und setzte sich dort irgendwo vier Stunden ins Gras.

Als der Hannes nicht wiederkam, ging der Bauer ihn suchen. Er fand ihn im Gras sitzen und fragte ihn, ob er die Kuh gefunden habe.

»Gefunden wie gefunden«, sagte der schlaue Hannes. »Hätt' ich sie gefunden, wär' sie gefunden, wenn ich sie gefunden hätt'. Hab' mehr gefunden, als eine Kuh gefunden, wird sich bald zeigen, was gefunden wurde, sag' ich.«

Das war Blödsinn. Aber der Bauer dachte: »Wird wohl was dran sein.« Trank auch ein bißchen Bier mit dem Hannes, rauchte ein Pfeifchen Tabak, und wer Bier getrunken hat, macht sich nicht viele Sorgen. Also vergaßen sie die Kuh.

Einmal schickte ihn der Bauer Gras säen.

Der Knecht packte sich genug zu essen ein und etliche Flaschen Bier, nahm den Grassamen – Tabak für die Pfeife nicht vergessen! – und ging los. Er setzte sich dort irgendwo auf dem Feld hin und saß da vier Stunden.

Als er nicht zurückkam, ging der Bauer ihn suchen. Schließlich fand er ihn und fragte: »Hast du das Gras gesät, Hannes?«

»Gesät wie gesät, hab' es gut gesät, wird wohl gut wachsen. Und dabei blieb noch viel davon übrig.«

Der Bauer war froh, daß er so einen klugen Knecht hatte, setzte sich zu ihm, trank etwas Bier, rauchte ein Pfeifchen und machte sich weiter keine Sorgen.

Einmal schickte der Bauer den Knecht in die Stadt, er sollte ein Schwein verkaufen.

Der Knecht packte sich genug zu essen ein, nahm auch etliche Flaschen Bier mit – einen Sack voll Tabak für die Pfeife nicht vergessen! – und dann ging er los. Als er sich auf dem Feld hinsetzte und ein Stündchen schlief, lief das Schwein ihm weg. Er suchte nicht lange, sondern aß lieber etwas und trank Bier, und weil das Schwein sowieso weg war, dachte er: »Da kann ich mir den Weg in die Stadt sparen, ist auch gut.«

Nach vier Stunden kam ihm der Bauer entgegen, weil er ihn holen wollte.

»Hast du das Schwein verkauft?« fragte er.

»Verkauft wie verkauft, hab's gut verkauft, und das Geld wird wohl wachsen. Wart noch ein' Weil!«

Er hielt auch lange verdrehte Reden wie ein Studierter, so daß der Bauer nichts verstand und froh war, einen so klugen Knecht zu haben. Er setzte sich zu ihm, und sie tranken zusammen Bier.

So ging das den ganzen Sommer über. Der Bauer schickte ihn Korn säen, schickte ihn das Feld düngen, aber der Knecht machte alles, wie er's wollte.

Und als der Herbst kam, und der Bauer ernten wollte, auf den Feldern aber nichts wuchs als Unkraut, und die Kühe fast alle weg waren, die Schweine auch und die Hühner, da packte der Bauer den Kecht, prügelte ihn aus dem Haus hinaus und warf auch noch mit Steinen hinter ihm her.

Er wird wohl doch nicht so klug gewesen sein, der kluge Hannes!

und wird sich wohl eine andere Arbeit gemacht haben.

Von der Frau Füchsin

s war einmal ein schöner, alter Fuchs, der hatte acht Schwänze. Er hatte auch eine schöne Füchsin zur Frau, aber eines Tages wollte er wissen, ob sie ihm auch über den Tod hinaus treu war. Also legte er sich neben die Tür und stellte sich tot.

Die Katze, die bei ihnen als Magd angestellt war, sah dies, lief sofort zur Füchsin und sagte:

> »O Jammer und Not,
> der Fuchs is tot,
> der Fuchs is tot.«

Die Füchsin weinte gleich und ging in die Kammer. Dort schloß sie sich ein.

Bald hatte es sich herumgesprochen, daß der alte Fuchs tot sei. Und nach einer Stunde klopfte ein junger Fuchs an die Tür, der hatte einen Schwanz, und fragte:

> »Mit'm Fuchs isses aus?
> Isse Füchsin zu Haus?«

Da sagte die Katze:

> »Nehmt doch mich, junger Mann,
> und schaut's, was ich kann!«

Aber der Fuchs wollte keine Magd, er wollte die schöne Füchsin. Also ging die Katze zur Füchsin, diese aber fragte:

> »Wieviel Schwänz' hat er dran?«
> »Hat nur einen, der Mann«,
> sagte die Katze.

61

»Schick 'n weg,
is 'n Dreck!«

sagte die Füchsin und weinte weiter.

Die Katze ging hinaus und schickte den Freier weg. Nach einer Stunde klopfte wieder ein junger Fuchs an die Tür, der hatte zwei Schwänze.

»Mit 'm Fuchs isses aus?
Isse Füchsin zu Haus?«

Da sagte die Katze:

»Nehmt doch mich, junger Mann,
schaut 's euch an, was ich kann!«

Aber der Fuchs wollte keine Magd, er wollte die schöne Füchsin.

Also ging die Katze zur Füchsin, diese aber fragte:

»Wieviel Schwänz' hat er dran?«
»Hat nur zwei, der Mann«,

sagte die Katze.

»Schick 'n weg,
is 'n Dreck!«

sagte die Füchsin und weinte weiter.

Die Katze ging hinaus und schickte den Freier weg. Nach einer Stunde kam wieder ein junger Fuchs, der hatte drei Schwänze. Er klopfte, sagte:

»Mit 'm Fuchs isses aus?
Isse Füchsin zu Haus?«

Als die Füchsin hörte, daß er bloß drei Schwänze hatte, sagte sie wieder:

»Schick 'n weg,
is 'n Dreck!«

Und so kam noch ein Fuchs mit vier Schwänzen, dann einer mit fünf, mit sechs und sieben. Als aber einer kam, der acht Schwänze hatte, da hörte die Füchsin auf zu weinen und sagte:

>Hol 'n 'rein,
der soll 's sein!<

Den alten Fuchs, den sie für tot hielten, kehrten sie mit dem Besen aus der Stube. Doch da stand er wieder auf und jagte sie alle davon.

Wie man später erfuhr, kam bald danach ein Fuchs mit neun Schwänzen, der sich etwas verspätet hatte. Und ohne viel zu fragen, lief die Frau Füchsin dem Fuchs mit den acht Schwänzen davon, nahm den mit den neun Schwänzen. Aber was aus ihnen allen geworden ist: aus dem alten Fuchs mit den acht Schwänzen, aus dem neuen Fuchs mit den acht Schwänzen, aus dem Fuchs mit den neun Schwänzen, aus der Frau Füchsin und aus der Katze – man hat 's nie erfahren.

Die Prinzessin mit der Laus

s war einmal eine Prinzessin, die war so reinlich und so sauber, daß kein Fleckchen auf ihr zu finden gewesen wäre. Nicht einmal ein Uhrmacher hätte mit der stärksten Lupe auch nur das kleinste Staubkörnchen auf ihr finden können.

Und eines Tages hatte sie eine Laus. »Um Himmels willen«, sagte der Vater, »die Laus darf nicht getötet werden.«

Er liebte seine Tochter so sehr, daß er *alles* an ihr liebte. Und er befahl, die Laus in eine kleine goldene Schachtel auf ein kleines goldenes Kissen zu legen, die kleine goldene Schachtel auf einen kleinen goldenen Tisch und diesen auf einen goldenen Teppich zu stellen.

Keiner wußte wie, aber die Laus bekam junge Läuse, etliche, vielleicht zwei, drei Dutzend. Na ja, man ließ es dabei.

»Was sind schon ein paar kleine Läuse«, sagte der König. »Und wenn sie noch von meiner schönen Tochter kommen, kann jeder stolz sein, nimmt so eine Laus auf seinem Kopf Platz.«

Die kleinen Läuse bekamen wieder Kinder. Inzwischen fing auch die erste Laus an zu wachsen, wurde immer größer. Und bald fingen auch ihre Kinder an zu wachsen. Und die Kinder von diesen Kindern auch. Sie wurden immer größer und waren bald so groß wie Pferde.

»Dann benutzen wir sie halt, um auf ihnen in den Krieg zu reiten«, sagte der König und lachte; denn so billig hatte er wohl noch nie Pferde bekommen. Und wenn du auf jemandem reitest, kann er dich nicht auf dem Kopf beißen. Und das ist ja wohl das, was man bei Läusen nicht so gern mag. Na also!

Aber die Läuse wuchsen weiter und wurden so groß wie Elefanten. Und dann wuchsen sie noch weiter und waren bald so groß, daß die Leute auf ihnen spazierengehen konnten. Es war jetzt umgekehrt: Die Läuse hatten Menschen, statt daß die Menschen Läuse hatten.

Aber die Läuse wuchsen immer noch weiter, eine neben der anderen. Die Leute bauten sich Häuser auf ihnen, pflanzten Bäume, legten Gärten an. Straßen wurden gebaut, und die Läuse wuchsen und wuchsen immer mehr. Längst wußte niemand mehr, daß das Land, in dem er lebte, sich auf Läusen befand. Städte wurden gebaut, Kriege geführt. Jeden Tag gab es eine Tageszeitung, dann zwei und dann hundert Zeitungen.

Die Prinzessin und den König hat man längst vergessen. Neue Könige regierten die Länder.

Wo sie liegen? Na, dort.

Der Wolf und die sieben Geißlein

Eine Geiß hatte 7 Junge, die sie sehr lieb hatte und denen sie jeden Wunsch erfüllte.

Sie bestreute sie mit weißem Mehl, damit sie schön waren und sauber.

Sie schmückte sie mit Blumen,

puderte sie mit Puderzucker, wo 's nur ging.

KOMMT, ES GIBT SÜSSE SPEISEN UND LECKERMILCH UND ZIEGENKÄSE!

Sie brachte ihnen süße Speisen und Leckermilch vom Krämer mit und erfüllte ihnen jeden Wunsch, denn sie hatte sie sehr, sehr lieb.

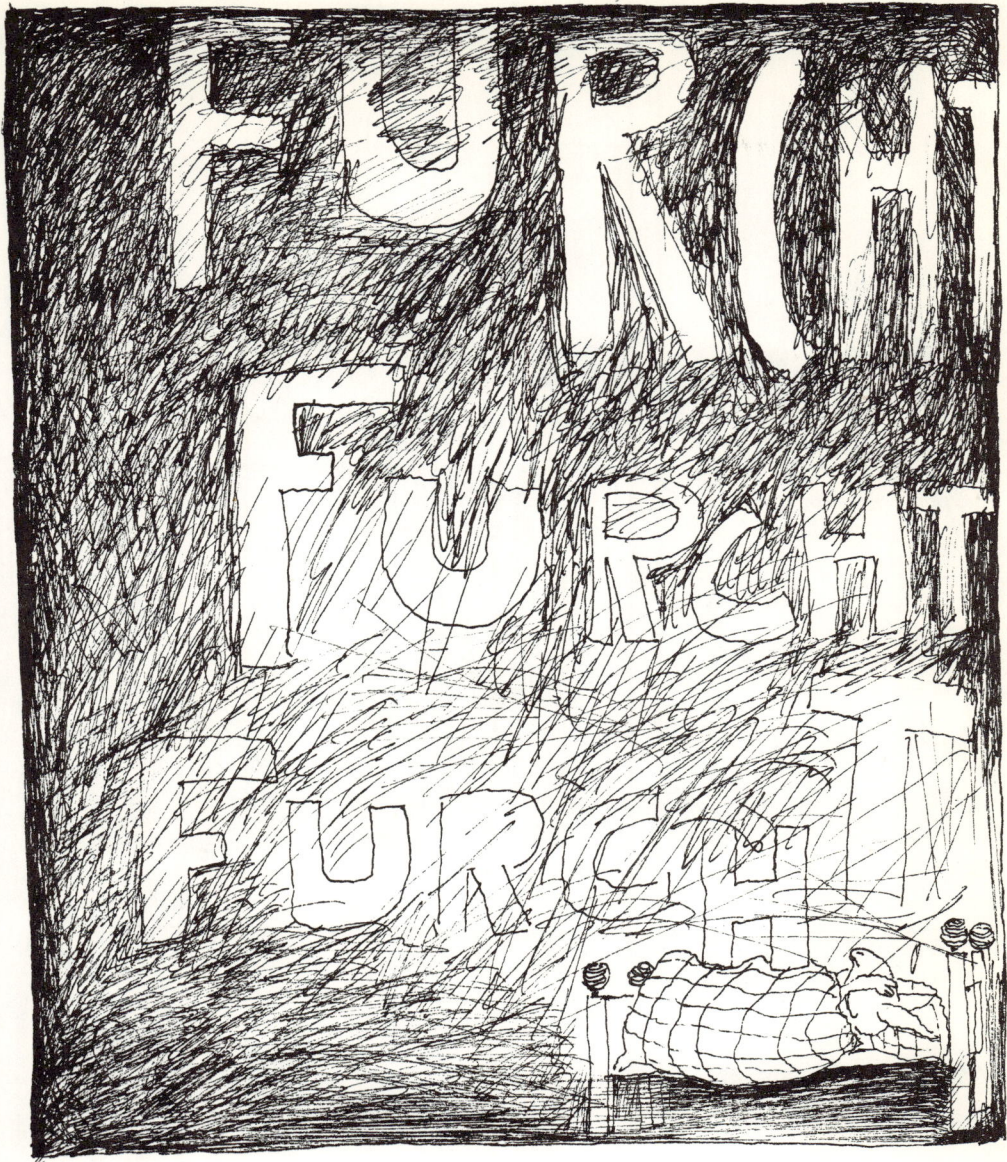

Aber sie hatte große Furcht vor dem Wolf, daß er
kommen und ihre Kinder verschlingen könnte...

Einmal mußte die Geiß hinausgehen, Futter
holen und Leckermilch kaufen beim Krämer.

HÜTET EUCH VOR DEM WOLF!

Sie sprach zu den sieben Geißerchen: »Hütet
euch vor dem Wolf und laßt ihn nicht herein!

ER HAT AUCH EINEN LANGEN SCHWANZ

Und gebt acht! Er hat eine rauhe Stimme,
daran könnt ihr ihn erkennen.«

Kaum war die Mutter aber fort, beschlossen
die sieben Geißerchen, den Wolf zu fangen,

um ihrer Mutter eine Freude zu machen.
Sie trugen einen riesigen Topf mit Honig

auf das Fensterbrett und warteten auf den
bösen Wolf.

Der Wolf dachte: »Da riecht es doch nach Honig, Honig esse ich gerne.

Da muß ich aber sofort hin. Gut, daß die Geißlein allein sind!«

»Macht auf, liebe Kinder, ich bin eure Mutter!« sagte der Wolf.

»Nein«, sagten die Geißlein. »Unsere Mutter hat einen Spitzbart. Hast du einen Spitzbart?«

Da steckte der dicke Wolf seinen Schwanz durch das Fenster, und die sieben Geißerchen

erkannten ihn und riefen: »Hurra, wir haben den dicken Wolf!«

Zwei Geißerchen hielten ihn beim Schwanz   fest, und fünf nahmen ihn gefangen.

Dann zogen sie ihn in die Stube ...

... und versteckten ihn in der großen Uhr.   Dann kam die Mutter heim

und wollte die große Wanduhr aufziehen .

Da sprang der große, dicke Wolf heraus und fraß sie mit Haut und Haar.

Weil er müde und satt war vom Essen, legte sich der Wolf in den Mehlsack zum Schlafen.

Bald kam der Vater nach Hause. Und weil er kurzsichtig war ...

... und der Wolf zur Hälfte weiß vom Mehl, hielt der alte Ziegenbock den dicken Wolf für seine Frau, die Geiß. Dem Wolf war das recht. Er legte sich scheinheilig neben den alten Bock auf das Bett. Als dieser dann schlief und schnarchte, fraß ihn der Wolf auf. Der Wolf

verstand eben keinen Spaß. Er nahm auch noch den Honigtopf und lief wieder in den Wald. Honig mochte er am liebsten. Nun waren die sieben Geißlein ganz allein und bekamen nie, nie wieder Leckermilch.

Die Bienenkönigin

in Mann hatte drei Söhne. Zwei davon waren so schlau wie jeder andere, also nicht zuviel und nicht zuwenig. Den dritten aber hauten die beiden anderen immer zum Spaß ein bißchen von hinten an den Kopf und nannten ihn »Dummkopf«. Dann lachte er darüber, und sie hauten ihm noch eins nach.

In der Schule hatte er mehr schlechte als gute Zensuren, seine Brüder aber immer mittelmäßige. Er hielt keine großen Reden, stand meistens beim Zaun und guckte über die Felder oder pfiff mit den Vögeln. Er kannte sich mit Katzen und Hunden aus, verfütterte sein halbes Frühstücksbrot an Tiere, und wenn seinem Vater eine Biene ins Bier fiel, fischte er sie mit einem Grashalm heraus, hauchte sie an und rettete ihr das Leben.

»Der ist so dumm«, sagten die Brüder, »er rettet sogar Stechbienen. Sie müßten ihn mal richtig stechen, dann wird's ihm vergehen.«

Und zack! hauten sie ihm wieder eins an den Hinterkopf. Mit der Hand.

Als die drei in das Alter kamen, wo man schon heiraten kann, gingen die zwei Brüder auf jedes Tanzvergnügen, saßen in den Kneipen herum und pfiffen den Mädchen auf der Straße nach.

Sie verrichteten schlecht und recht ihre Arbeit. Der eine war bei der Krankenkasse angestellt, und der andere verkaufte gebrauchte Autos.

Der Dummkopf aber ging im Wald und auf den Wiesen herum, belauschte die Rohrdommeln, zählte die Ameisen, setzte sich an den Waldrand und wollte ein Vogel sein. Und er kniff die Augen etwas zusammen, fühlte den Wind unter den Flügeln und segelte sozusagen halb im Traum durch die Luft.

Damit konnte er einen ganzen Tag zubringen. Oder er suchte Eidechsenspuren im Sand, wenn er nicht gerade Blaubeeren pflückte.

»Er ist ja so dumm«, sagten die Brüder und hauten ihm wieder leicht eine an den Hinterkopf. »Der ist bestimmt auch zu dumm zum Heiraten.«

Sie waren alle drei so alt, daß sie heiraten wollten. Der eine Bruder heiratete die Tochter eines Leberwurstfabrikbesitzers, denn dann brauchte er nur noch zwei Jahre bei der Krankenkasse zu bleiben, um die Buchführung etwas zu lernen.

Aber schon nach einem Jahr zeigte es sich, daß seine Frau eine Streithenne war und daß nicht einmal der Teufel sie hätte ertragen können. Auch wurde sie immer magerer und vor lauter Streitsucht gelb wie eine vertrocknete Zitrone. Aber wenn er die Leberwurstfabrik erben wollte, mußte er sie behalten.

Der zweite Sohn lernte auf einem Tanzvergnügen die Tochter des Autohändlers »Wretwa-Autos, gebraucht und neu—GmbH« kennen und hielt um ihre Hand an. Sie gab sie ihm gleich, und er stieg sofort nach der Hochzeit mit Umsatzbeteiligung ins Geschäft des Schwiegervaters ein. Doch nach zwei Jahren zeigte es sich, daß seine Frau soff wie ein Loch. Und sie log auch. Wollte er aber das Geschäft des Schwiegervaters erben, dann mußte er auch die Frau behalten.

»Unser Dummkopf wird wohl Junggeselle bleiben sein Leben lang«, sagten die Brüder. »Kein Wunder, so dumm wie der ist!«

Aber da heiratete der Dummkopf eines Tages ein so schönes Mädchen! So schön konnte ein Mensch wohl gar nicht sein. Sie stritten sich niemals. Sie lebten immer wie im Paradies. Wie konnte es nur so etwas geben? Manchmal sagte sie ihm, daß sie eine Bienenkönigin sei. Und vielleicht war's die Wahrheit.

Doktor Allwissend

s lebte in einem Dorf ein Bauer, der brachte drei Ster* Holz zum Doktor Krebs in die Stadt; für seinen Kamin zum Heizen. Als er dort das Holz abgeladen hatte und klingelte – er wollte das Geld kassieren, hundertfünfunddreißig Mark mit Anfahrt und Auf- und Abladen –, saß der Doktor Krebs gerade beim Essen. Der Bauer sah, wie gut es ihm ging, denn zuerst aß er schöne Nudelsuppe mit Fleisch, dann Sauerbraten mit Knödeln und Sauerkraut. Einen halben Liter gekühltes Bier dazu und obendrein noch Nachspeise mit Rumkompott. Damit es ihm auch nicht schaden könne, goß er sich einen teuren Schnaps ein und zündete sich dann gemütlich eine Zigarre an, das Stück mindestens zu drei Mark. »So ein Doktor möcht' man auch sein«, dachte der Bauer.

Und als dann der Doktor Krebs, ohne sich zu eilen, langsam die Brieftasche aus der Jacke holte, aufklappte, die Zigarre erst weglegte, dann in den Hundertmarkscheinen blätterte und so zwei heraussuchte, dachte der Bauer wieder: »So ein Doktor müßte man auch sein.« Wenn er dabei an seine Arbeit zu Hause dachte, bekam er gleich Muskelreißen.

Als er nach Hause kam, erzählte er seiner Frau davon und daß er auch gerne so ein Doktor wäre.

Nun war die Frau aber nicht dumm. Sie grübelte etwas und fuhr dann zwei Tage später, mit dem Autobus um acht Uhr zwanzig, in die Stadt, um sich den Doktor selbst zu besehen, ihm draufzukommen, ihm möglicherweise auch Fragen zu stellen, Fangfragen vielleicht, um herauszufinden, wie man das macht. Denn auch ihr wäre so eine Doktorei nicht unrecht gewesen. Einerseits mag sie an schöne Kleider gedacht haben, andererseits an kostspielige Kreme fürs Gesicht und an weiß der Teufel was noch alles.

* Ster: franz. Raummeter. Wird zum Abmessen von Holz verwendet. 1 Ster Holz = gestapelter Holzstoß 1 Meter lang, 1 Meter breit, 1 Meter hoch.

Sie ging also hin, setzte sich ins Wartezimmer für Krankenscheinpatienten und mußte viereinhalb Stunden warten.

Dann sagte sie zum Doktor Krebs, daß es sie hier vorne und dort hinten schmerze.

»Soso«, sprach der Doktor.

»Bei Tag, aber auch in der Nacht«, sagte die Frau, »je nachdem.«

»Das ist logisch«, sprach der Doktor, »dann weiß ich Bescheid.«

Er schrieb ihr ein Rezept, die Medizin sollte sie nehmen, und er sagte noch: »Das schadet niemals.«

Die Frau war so klug wie zuvor. Sie hatte sich wohl überall umgeschaut, in die Ecken gelinst, versucht, auf den Zetteln, die auf dem Schreibtisch lagen, etwas zu lesen, aber alles das ergab gar nichts.

Aber die Frau war ja nicht dumm. Eine Woche danach fuhr sie wieder hin. Um den Doktor aber zu täuschen und um von ihm nicht erkannt zu werden, nahm sie einen Krankenschein ihrer Schwester, die ja anders hieß, und zog sich ihr gestreiftes Kleid an. Und in der Tat, Doktor Krebs erkannte sie nicht wieder. Sie machte dieses Mal alles umgekehrt, sagte also, es täte ihr hier oben und dort unten weh. Und zwar nicht nur bei Tag und bei Nacht, sondern auch im Gehen und beim Stehen, je nachdem.

»Soso«, sprach der Doktor. »Das ist ja logisch, ich weiß schon Bescheid.«

Er schrieb ihr wieder so ein Rezept und sagte: »Das schadet niemals.«

Und jetzt wußte die Frau auch Bescheid, denn sie war ja nicht dumm. Sie schrieb es sich auf, und als sie nach Hause kam, hieß sie ihren Mann, die

78

Ochsen an den Metzger zu verkaufen – das Stück Ochsenlende kostete zu der Zeit bereits fünf Mark – und sich dafür alles anzuschaffen, was man für eine Doktorei braucht: einen Anzug, Zigarren, eine Brille. Und dann mußte er die Reden des Doktors auswendig lernen: »Soso« und »Dann weiß ich Bescheid«, aber auch: »Das schadet niemals.«

»Und sage niemals ein Wort mehr als diese!« sagte sie zu ihm.

Dann verkauften sie einen Acker, zu zwanzig Mark den Quadratmeter, und hatten nun genügend Geld für die nächsten Jahre. Sie mieteten sich in der Stadt ein, Neubauwohnung mit allem Komfort: mit Müllschlucker, eingebauten Elektroherden und Infragrill, alles inklusive. An die Tür aber ließ die Frau ein Schild schrauben: *Doktor Allwissend.*

Es dauerte nicht lange, da bemühten sich Nachbarn und später wieder deren Bekannte und dann wieder deren Freunde um die Bekanntschaft der neuen Doktorsfamilie; denn es sprach sich bald herum, daß diese Herrschaften in der Tat sehr gebildet sein müßten und von auffallend guten Umgangsformen, sprachen sie doch nie etwas anderes als: »Soso!« – »Na, dann weiß ich Bescheid!« und »Das schadet niemals.«

Der Doktor trage seinen Namen nicht zu Unrecht, sagte man, er wisse wirklich über alles Bescheid.

Nun war die Frau aber nicht dumm. Sie schaute den anderen Doktoren und deren Ehefrauen auf den Mund, notierte sich fleißig alles, was sie sagten, strich das, was sie nur einmal sagten, und kreuzte sich an, was oft wiederholt wurde und somit Gültigkeit hatte. Und es war nicht schwer, dieses auch zu lernen. So erwies es sich, daß etwa: »Ach was!« oder »Ja nein!« bei Freunden und Bekannten auf besonders großes Wohlwollen stieß.

Es kamen noch Sätze dazu wie: »Sie, das ist ja ganz reizend, todschick.« Und unter jüngeren Leuten sagte man: »Also, das ist die Spitze. Das ist einfach riesig, wirklich.«

Und da sie selber niemals lange Geschichten erzählten, wurden Herr und Frau Doktor Allwissend immer beliebter, wurden auf alle Empfänge und Parties eingeladen, und es ging ihnen von Tag zu Tag besser. Auch erwies es sich als gut, zeitweilig in einer Unterhaltung, einmal oder auch zweimal – aber nicht öfter! – »Scheiße« zu sagen, doch war dies erst anzuraten, wenn gehobene Stimmung aufgekommen war und die Gastgeberin sich beispielsweise unter dem Tisch schon die Schuhe ausgezogen hatte. Jetzt kannte ihre Beliebtheit keine Grenzen mehr. Die Frau kaufte sich nun auch kurze Kleider, ließ sich frisieren, ondulieren, maniküren, titulieren und pediküren und an der Nase operieren. Sie sah zu dieser Zeit schon fünf Jahre jünger aus, als sie wirklich war.

Inzwischen bekamen sie für einen Quadratmeter Ackerland vierzig Mark. Als das Kreisamt aber erfuhr, daß dieses und jenes Stück Land dem reizenden Doktor Allwissend gehörte, der überall, aber auch überall so be-

liebt und geschätzt war, machte es das Bauerwartungsland zu reinem Bauland, und die Preise gingen so steil in die Höhe, daß der Doktor zweihundert Mark und mehr pro Quadratmeter bekam und sein Wohlstand keine Grenzen mehr hatte.

Vom Tod des Hühnchens

inmal ging das Hühnchen mit dem Hähnchen in den Nußberg. Sie waren lustig zusammen und aßen Nüsse. Da fand das Hühnchen eine Nuß, die war so groß, daß sie ihm im Hals stecken blieb, und es bekam Angst, daß es ersticken müßte.

»Hähnchen, lauf, lauf, was du kannst, hol schnell Hilfe!« rief es. »Hol den Tierarzt oder etwas Wasser, sonst muß ich ersticken!«

Und schon lief das Hähnchen los ins Dorf, um den Tierarzt zu holen. Aber der Tierarzt war nicht zu Haus.

Da rief es den erstbesten, den es traf, und das war ein Hund. »Kommen Sie, kommen Sie, das Hühnchen muß ersticken, helfen Sie! Wir waren in einem Nußberg, dort wachsen tausend und abertausend Nüsse, alles in Hülle und Fülle.«

»Waaas«, rief der Hund, »soviel Nüsse, da bekomme ich sofort Appetit, wenn ich das höre.«

Und er lief mit und schrie unterwegs: »Kommt mit in den Nußberg, dort erstickt das Hühnchen, und es gibt abertausend Nüsse!«

Das hörten die Enten und schrien: »Waaaas, abertausend Nüsse? Da bekommen wir ja sofort Appetit.«

Und sie liefen hinterher, schrien dabei: »Los, kommt alle mit in den Nußberg, dort stirbt das Hühnchen, aber es gibt Millionen Nüsse, Nüsse.«

Das hörten die Gänse, und auch sie schrien: »Waaaas, so viele Nüsse, da bekommen wir sofort Appetit.«

Und sie rannten hinterher, schrien laut, alle sollten mitkommen.

Die Tauben kamen mit, die Auerhühner, eine Katze und im Wald ein Wiesel, ein Eichhörnchen und der Dachs. Der Fuchs und der Bär und die Rehe und die Hirsche.

Alle schrien: »Kommt alle in den Nußberg, dort gibt es so viele Nüsse, daß sich jeder vollfressen kann. Kommt, kommt!«

Und als sie auf den Nußberg kamen, stürzten sie sich auf die Nüsse und fraßen und fraßen. Und sie fraßen so lange, bis jeder von ihnen auch eine große Nuß fand, die ihm im Hals stecken blieb.

Zuerst starb der Hund, dann starben die Enten, dann die Gänse, die Tauben, die Auerhühner, die Katze, das Wiesel, alle, alle, alle. Dem Hühnchen hatte keiner geholfen, und es starb auch. Da grub ihm das Hähnchen ein Grab, setzte sich auf den Grabhügel und grämte sich so lange, bis es auch starb. Da waren sie alle tot.

Flöhchen und Läuschen

s waren einmal ein Floh und eine Laus, die wohnten zusammen und hatten gemeinsam einen Haushalt. Einmal wollte sie sich in einer Eierschale Nudelsuppe kochen. Aber die Eierschale zerplatzte, und das Läuschen verbrannte sich die Pfote.

Sofort fing es laut an zu weinen.

»Was weinst du?« fragte das Flöhchen.

»Da soll ich nicht weinen, ich habe mir die Pfote verbrannt, so ein Mist!«

Da fing auch das Flöhchen an zu weinen.

Das hörte die Tür und fragte: »Was weinst du, Flöhchen?«

»Da soll ich nicht weinen? Das Läuschen hat sich die Pfote verbrannt und weint auch. So ein Mist.«

Da fing die Tür auch an zu weinen.

Das hörte der Besen und fragte: »Was weinst du, Tür?«

> »Da soll ich nicht weinen?
> Das Läuschen hat sich die Pfote verbrannt und weint auch.
> Und das Flöhchen weint auch.
> So ein Mist!«

Da fing auch der Besen an zu weinen.

Das hörte der kleine Handwagen und fragte: »Was weinst du, Besen?«

> »Da soll ich nicht weinen?
> Das Läuschen hat sich die Pfote verbrannt und weint auch.
> Und das Flöhchen weint auch.
> Und die Türe weint auch.
> Und der Besen weint auch.
> So ein Mist.«

Da fing der kleine Handwagen auch an zu weinen.

Das hörte der Apfelbaum und fragte: »Was weinst du, kleiner Handwagen?«

»Da soll ich nicht weinen?
Das Läuschen hat sich die Pfote verbrannt und weint.
Das Flöhchen weint auch.
Und die Türe weint auch.
Der Besen weint aber auch.
Und der kleine Handwagen weint auch.
Jetzt wein' ich auch.
So ein Mist.«

Da fing der Apfelbaum auch an zu weinen.
Das hörte der kleine Wurm auf dem Baum und fragte: »Was weinst du, Apfelbaum?«

»Da soll ich nicht weinen?
Das Läuschen hat sich die Pfote verbrannt und weint.
Und das Flöhchen weint auch.
Und die Türe weint auch.
Und der Besen weint auch.
Und der kleine Handwagen weint auch.
Und ich weine auch.
So ein Mist.«

Da fing der kleine Wurm auch an zu weinen.
Das hörte das kleine Mädchen und fragte: »Was weinst du, kleiner Wurm?«

»Da soll ich nicht weinen?
Das Läuschen hat sich die Pfote verbrannt und weint.
Das Flöhchen weint auch.
Und die Türe weint auch.
Und der Besen weint auch.
Und der kleine Handwagen weint auch.

Und der Apfelbaum weint auch.
Und ich weine auch.
So ein Mist.«

Da fing das kleine Mädchen auch an zu weinen.
Da fragte die Wolke: »Was weinst du?«

»Da soll ich nicht weinen?
Das Läuschen hat sich die Pfote verbrannt und weint.
Das Flöhchen weint auch.
Die Türe weint auch.
Der Besen weint auch.
Der kleine Handwagen weint auch.
Der Apfelbaum weint auch.
Der kleine Wurm weint auch.
Jetzt wein' ich auch.
So ein Mist.«

Und weil sie alle weinten, fingen die Wolken auch an zu weinen und zu regnen. Und es regnete und regnete. Es hörte gar nicht mehr auf. So ein Mist.

Die Goldkinder

Es waren einmal ein armer Mann und eine arme Frau, die hatten weiter nichts als eine Hütte. Der Mann war ein Fischer, aber er hatte nicht viel Glück beim Fischen. Jeden Tag fuhr er hinaus aufs Meer, noch ehe die Sonne aufging. Er warf sein Netz aus, ruderte mit aller Kraft, wurde naß wie ein Hund und fror bei der Kälte. Aber er fing kaum so viel, daß er und seine Frau leben konnten. In ihre Hütte regnete es herein. Sie hatten kaum Kleidung, nur das, was sie am Leibe trugen. Jeden Tag hatten sie Hunger.

Da geschah es eines Tages, daß der Fischer einen goldenen Fisch fing. Und auf einmal fing der Fisch an zu sprechen. »Wenn du mich wieder ins Wasser wirfst«, sagte er, »erfülle ich dir drei Wünsche. Wenn du mich nicht ins Wasser wirfst, hast du nicht viel an mir. Es lohnt sich nicht, mich zu essen, ich wiege kaum dreihundert Gramm. Und wenn du mich verkaufst, kannst du zwei Tage in Saus und Braus leben, aber dann ist es aus mit der Freude.«

Der Fischer wog ihn mit geübter Hand, überlegte, der Fisch hatte recht. Also wünschte er sich: »Zuerst ein Haus, das fest gebaut ist, niemals vom Sturm umgeweht wird, und wo's nicht 'reinregnet. Auch groß genug und etwas schön.«

»Du bekommst ein Haus, so schön wie ein kleines Schloß«, sagte der Fisch, weil der Fischer so bescheiden war.

»Als zweites«, sagte der arme Mann, »immer genug zu essen und auch etwas guten Wein.«

»So viel du nur essen kannst«, sagte der Fisch, weil der arme Mann so bescheiden war. »Und für alle deine Freunde und Gäste immer genug. Auch Wein im Keller, und zwar sehr guten.«

»Als drittes soll sich meine Frau etwas wünschen«, sagte der Fischer; denn er mochte seine Frau sehr gern.

»Dein Reichtum wird auch immer größer werden«, sagte der Fisch, und du wirst gar nicht merken, wie das geschieht. Aber du darfst niemandem, niemandem auf der ganzen Welt sagen, woher das kommt, sonst ist alles vorbei.«

Dann warf der Fischer den goldenen Fisch wieder ins Wasser. Als er nach Hause kam, stand an der Stelle, wo die alte Hütte gewesen war, ein Haus, beinahe so schön wie ein Schloß. Ringsherum blühten Blumen, und seine Frau kam ihm entgegen, trug neue Kleider und sah munter aus – wie bei ihrer Hochzeit.

»Woher kommt das Haus?« fragte die Frau.

»Du darfst mich nicht fragen, ich darf es nicht sagen«, sagte der Fischer, »aber es ist gut so.«

»Ich habe so einen Hunger«, sagte die Frau. »Hast du etwas gefangen?«

Da führte der Mann sie ins Haus. Sie machten einen Schrank auf, da war so viel zu essen darin, wie sie nur brauchten. Sie deckten den Tisch, und als sie satt waren, war in dem Schrank wieder so viel drinnen, wie sie nur brauchten. Im Keller war Wein, so viel sie nur wollten, und kein schlechter Wein.

»Woher kommt das alles?« fragte die Frau.

»Du darfst mich nicht fragen, ich darf es nicht sagen«, sagte der Fischer, »aber es ist gut so.«

Als sie dann nach dem Essen so gemütlich im Garten saßen, sprach der Fischer: »Und jetzt, Frau, darfst du dir etwas wünschen, es geht in Erfüllung.«

Die Frau überlegte nicht lange und sagte: »Ein Kind. Nein, zwei Kinder gleich. Aber schön müssen sie auch sein – Goldkinder, ich meine, aus Gold, reines, echtes Gold.«

Da bekam die Frau bald zwei Söhne, beide aus Gold.

Der Mann fuhr manchmal noch hinaus auf das Meer zum Fischen, denn er war gern Fischer. Es war ihm egal, ob er etwas fing oder nicht; denn zu Haus nahm sein Reichtum langsam, aber ohne Unterbrechung zu, keiner wußte woher.

Er fing nicht viel. Er saß am Tag bequem im Café, trank etwas Wein und rauchte, indes die Frau zu Hause Blumen pflanzte, und die beiden Goldkinder wuchsen. Kam er abends nach Hause, fragte ihn die Frau, woher das alles käme, so auf einmal.

»Du darfst mich nicht fragen, ich darf es nicht sagen«, sagte der Fischer, »aber es ist gut so.«

Als er es gar nicht sagen wollte und die Frau auch immer weniger zu arbeiten hatte, weil sie immer reicher wurden, wurde sie auch immer neugieriger. Kaum wachte sie früh auf, fing sie an zu fragen, woher denn das alles käme.

»Du darfst mich nicht fragen, ich darf es nicht sagen«, sagte der Fischer, »aber es ist gut so.«

Bald fragte die Frau dreimal am Tage und abends im Bett auch wieder. Der Fischer antwortete immer dasselbe. Die Frau wurde so neugierig, daß sie bald nichts anderes mehr sprach als die Frage, woher denn das alles käme.

Die Goldkinder wurden größer, aber sie hatten kein schönes Leben. In der Schule wurden sie von den anderen Kindern, die nicht aus Gold waren, in den Dreck geworfen und gegen die Erde gedrückt, damit sie auch schwarz und dreckig würden. Sie wurden geprügelt, weil sie so golden waren. Und weil die anderen in der Überzahl waren, konnten sie sich nicht wehren.

Auf der Straße liefen ihnen die Leute nach. Jeder wollte sie fotografieren.

Von weit her kamen Leute angereist, um sie zu sehen. Es hing ihnen schon zum Hals heraus, daß sie aus Gold waren.

Aber die Mutter fragte immer weiter, woher denn das alles käme.

Als der Mann es nicht sagen wollte, legte sie sich ins Bett und sagte: »Ich bin todkrank, ich werde sterben. Aber wenn du mir sagst, woher das alles kommt, werde ich wieder gesund.«

Doch das nutzte nichts. Der Fischer sagte: »Du darfst mich nicht fragen, ich darf es nicht sagen, aber es ist gut so.«

Die Frau aß nichts mehr, sah schon aus wie tot und sagte: »Morgen sterbe ich, erfülle mir noch einen Wunsch, und sag mir vor dem Tod, woher das alles kommt!«

Doch der Fischer sagte es nicht.

Da stand die Frau auf, fing wieder an zu essen und war in drei Tagen gesund wie zuvor. Aber jetzt hatte der Mann die Hölle auf Erden; denn ununterbrochen, wo sie ihn auch immer sah, schrie sie ihn an: »Wenn du mir nicht sagst, verfluchter Kerl, woher das alles kommt, schlag' ich dich tot. Ich hau' alles zusammen, ich halte das nicht mehr aus.«

Und das immer und immer und jeden Tag und in der Nacht, wenn sie aufwachte.

Da hielt der Mann es nicht mehr aus. Er sagte es ihr. Und kaum hatte er es gesagt, da war alles weg.

Sie saßen in der alten Bretterhütte, der Mann mußte jeden Tag aufs Meer hinaus, aber er fing nicht viel. Und so ging das, bis eines Tages der Sturm ihre Hütte wegwehte und sie alt und krank vor Hunger starben.

Nur für die Goldkinder war's gut; denn sie waren nicht mehr aus Gold und hatten jetzt ihre Ruhe. Sie wurden Fischer wie ihr Vater, fuhren jeden Tag aufs Meer hinaus, noch ehe die Sonne aufging. Doch sie fingen kaum so viel, daß sie davon leben konnten. Aber sie waren glücklicher als zu der Zeit, da sie aus Gold gewesen waren.

Der gestiefelte Kater

in Mann hatte drei Söhne, fünf Fabriken, siebenund-
zwanzig Häuser und Autos und Landbesitz und Seen
und Wälder.

Und dann starb er.

Das Erbe wurde verteilt an zwei seiner Söhne. Der drit-
te Sohn bekam nichts, denn seine Mutter war nicht die Gemahlin des Reichen, sie war nur das Dienstmädchen.

Der älteste und der zweite Sohn hatten oben im Haus des Mannes gelebt,
der jüngste Sohn unten im Haus des Gärtners, zusammen mit seiner Mut-

ter. Wenn der Vater zu seinen Lebzeiten durch den Park gefahren war und sein Sohn ihm das Tor öffnete, hatte er ihn oft gegrüßt, indem er zweimal hupte. Der jüngste Sohn hieß Hans.

Da nun der Mann tot war, bekam der älteste Sohn die eine Villa im Park, in der er wohnte, und er bekam drei Fabriken, vierzehn Häuser, dreizehn Autos, etliches Land und Wälder und Seen.

Der zweite Sohn bekam die zweite Villa und den Rest. Das war etwas weniger, als der erste bekommen hatte, doch der erste war der ältere.

Und jeder der beiden Söhne bekam sehr viel Geld. Hans aber bekam fast nichts. Er bekam nur das Wohnrecht auf Lebzeit in einer Stube im Haus des Gärtners, mietfrei, einschließlich Heizung für den Ofen. Dazu drei bescheidene Mahlzeiten wie etwa: Brot mit Margarine zum Frühstück, Kartoffeln und Quark zu Mittag, und zum Abendbrot Brot mit Wurstaufschnitt. Außerdem alle fünf Jahre einen neuen Anzug mit Hut, ebenfalls mittlerer Qualität. Und außerdem einen gestiefelten Kater, als ob sie ihn obendrein noch verhöhnen wollten.

Da saßen sie nun: der erste Sohn oben im Park in der neuen Villa, der zweite oben im Park in der alten Villa, und Hans saß unten auf der Bank mit seinem gestiefelten Kater und ärgerte sich.

»Essen auf Lebzeit, pffff, da pfeif' ich doch drauf«, sagte er. »Und einen Kater, aus dem ich mir bestenfalls im Winter einen Nasenwärmer aus Katzenfell mit Gummizug machen lassen kann. Und sonst nichts!«

»Gräme dich nicht, Kamerad«, sagte der Kater, »denn du hast den besten Teil geerbt und obendrein noch mich.«

»Obendrein noch dich? Da kann ich nur lachen. Reich sein ist besser.«

»Ich werde dir zeigen, was Reichtum taugt«, sagte der Kater: »Nimm deine Mütze und komm mit!«

Hans nahm seine Mütze und ging mit dem Kater durch den Park hinauf zu der Villa des älteren Bruders.

»Wenn *du* wenigstens reich wärst«, sagte Hans zum Kater.

»Ich bin reicher als reich«, sagte der Kater, »denn ich *brauche* nicht reich zu sein. Und das ist mehr. Obendrein bin ich noch lustig. Und gesund.«

94

»Wenn du wenigstens zaubern könntest.«

»*Ein* Kunststück kann ich, und zwar vorwärts und rückwärts. Ich kann dich in ein Goldäuglein verwandeln, das ist vorwärts. Und dann wieder rückwärts, zurück in einen Menschen.«

»Was ist ein Goldäuglein?«

»So eine kleine Motte mit goldenen Augen.«

»Interessiert mich nicht.«

Als sie hinter der Villa des älteren Bruders standen, verwandelte der gestiefelte Kater Hans in ein Goldäuglein und sagte: »Und jetzt flieg hinauf! Flieg in den ersten Stock, dort ist dein Bruder, und sieh dir an, was der Reichtum taugt. Aber laß dich von keinem Vogel fressen, Hans!«

Hans flog nach oben, setzte sich auf die Gardine und fand seinen Bruder voller Wut. Er ging hin und her, war grün und gelb, hatte Magenschmerzen und keine Lust zu essen, brüllte die Köchin an, schimpfte auf seine Frau; denn er ärgerte sich, weil das schöne, große Vermögen seines Vaters jetzt in zwei Hälften geteilt worden war.

»Und soll ich dir sagen, wieviel Erbschaftssteuer sie mir abgeknöpft haben, hä?! Fünf M-i-ll-i---onen, verflucht!« Er riß an der Gardine. Gott sei Dank! an der anderen, wo Hans nicht saß.

»Und willst du wissen, wer den Wald mit den zwei kapitalen Hirschen bekommen hat, na? Dann rate mal! Knut, der Blödkopp, der schon über seine Flinte stolpert, wenn er aus dem Wagen steigt. Bring mir die Magenpillen!«

Knut war sein Bruder.

Hans flog zurück.

Der gestiefelte Kater schickte ihn nun in die andere Villa, wo Knut wohnte. Knut hatte sich besoffen, denn er ärgerte sich, daß er weniger geerbt hatte als sein Bruder.

Im Suff weinte er wie ein Hund. Dann zerschlug er Gläser, warf beim Essen Knödel an die Wand, jammerte über die teuren Tapeten, die er nun neu machen lassen mußte. . .

»Hast du gesehen, was Reichtum taugt?« fragte der Kater.

Die Frau sagte: »Der läßt uns warten und warten. Nun sag doch was! Wer bist du denn? Reg dich doch auf! Bei dem teuren Wa...«

»Bist du gleich ruhig, verflucht!« Herr Sawatzki zischte leise. »Wenn das der Mann hört, kann ich mir meinen Jaguar an die Hose schmieren, dann repariert er ihn überhaupt nicht.«

»Dann geh doch woanders hin!«

»Den Vergaser kann nur er einstellen. Überhaupt geht dich das einen Dreck an, du kannst ja zu Fuß gehen, wenn es dir nicht paßt.«

Nach drei Stunden standen der Herr Sawatzki und seine Frau noch vor dem Tor. Nach vier Stunden beschloß Herr Sawatzki, sich scheiden zu lassen, und um diese Zeit etwa nahm der gestiefelte Kater das Goldäuglein wieder in die Pfote und lief mit ihm weiter.

»Hast du gesehen, was ein Traumauto taugt?« fragte der Kater.

»Ja, aber sie hätten mir wenigstens ein kleines Haus vererben können. Auch ohne Geld, nur ein kleines Haus, wo ich bequem wohnen könnte.«

»Dann werde ich dir zeigen, was ein Haus taugt«, sagte der Kater und lief mit Hans zu irgend einem Haus.

Ein Mann saß auf dem Dach, legte Dachpfannen auf und fluchte; denn es hatte hereingeregnet, hatte ihm die Möbel beschädigt. Und kalt war es.

»Telefon für dich!« rief seine Frau von unten.

Hans flog ihm nach in die Wohnung.

»Aber paß auf, daß kein Vogel dich frißt, Hans!«

»Im Keller ist ein Rohr kaputt«, sagte die Frau. »Und der Gerichtsvollzieher war hier, dreitausend Mark Straßenanliegerkosten sind fällig. Sie haben auch die Steuern erhöht. Die Nachbarn sagen, wenn du das Unkraut nicht schneidest, verklagen sie uns, denn der Unkrautsamen wird vom Wind in ihren Garten geweht. Manchmal denk' ich mir, wir müßten wegziehen, in eine Gegend, wo immer die Sonne scheint.«

»Sonne scheint«, sagte der Mann. »Und was wird aus dem Haus? Willst du das vielleicht mitnehmen? Ein Haus ist ein Haus, da kannst du nicht mehr weg. Sie können dich immer pfänden.«

An dieser Stelle flog Hans wieder hinaus.

»Hast du gesehen, was ein Haus taugt?« fragte der Kater.

»Ja, aber sie hätten mir doch wenigstens für jeden Tag Essen in Hülle und Fülle vererben können. Alles, was mir einfällt, bestens gekocht, und soviel ich will.«

»Dann werde ich dir zeigen, was Essen in Hülle und Fülle taugt.«

Der Kater nahm das Goldäuglein in die Pfote und lief mit ihm zum teuersten Restaurant in der Stadt.

Er ließ Hans hineinfliegen und rief noch: »Aber paß auf, daß kein Vogel dich frißt, Hans!«

Da saß am ersten Tisch ein Mann mit seiner Frau und seinen vier Töchtern. Sie hatten bestellt, was sie nur wollten. Die Töchter langweilten sich, kaum eine aß etwas. Dieses war zu kalt und das war zu warm, von dem gab es zuviel, und was zu salzig war, wurde reklamiert.

Der Mann merkte nicht, was er aß; denn er mußte im Kopf rechnen. »Fünftausend ist zu wenig, aber wenn ich dreißig Prozent bekäme...«

Die Frau war verärgert, weil ihr Mann ihr nicht zuhörte.

Und am nächsten Tisch saß ein einsamer Mann, zwei Zentner Lebendgewicht und Magenschmerzen. Er trank Mineralwasser. Alles, was auf der Karte stand, hatte er schon hundertmal gegessen.

Überall, wo Hans hier hinflog, waren die Leute mißmutig.

Der gestiefelte Kater trug ihn zurück auf die Bank vor dem Gärtnerhaus, verwandelte ihn zurück in einen Menschen.

Hans blieb nun mit seinem Kater Jahr um Jahr zusammen. Sie wohnten in der kleinen Stube. Alle fünf Jahre bekam Hans einen neuen Anzug mit Hut, jeden Tag etwas zu essen.

Der älteste Bruder starb an Herzinfarkt, der zweite wurde aus Versehen auf der Jagd erschossen, Hans aber lebte lange und ohne Kummer. Er war gesund, lag auf der Bank vor dem Gärtnerhaus, und manchmal ließ er sich vom gestiefelten Kater in ein Goldäuglein verwandeln, ließ sich vom Wind ein Stück tragen und bewegte nicht einmal einen Flügel dabei.

Das elektrische Rotkäppchen

s war einmal eine süße elektrische Dirn, die hatte jedermann elektrisch lieb, am liebsten aber ihre elektrische Großmama; sie wußte gar nicht, was sie alles dem Kind geben sollte. Einmal schenkte sie ihm ein elektrisches Käppchen von rotem Samt. Und weil es ihm gar so gut stand, daß es gar nichts anderes mehr tragen wollte, hieß es das »elektrische Rotkäppchen«.

Da sagte einmal seine elektrische Mutter zu ihm: »Komm doch mal her, elektrisches Rotkäppchen! Hier hast du ein Stück elektrischen Kuchen und eine elektrische Flasche mit elektrischem Wein, die bring der elektrischen Großmutter hinaus. Sie ist krank und schwach und soll sich damit ein bißchen elektrisieren. Aber gib schön acht, daß du nicht vom Weg abkommt, sonst verbiegst du dir einen Draht! Nun geh schon!«

Sie schaltete ihr Kind an, gab ihm einen Schubs, und das elektrische Rotkäppchen machte sich auf den elektrischen Weg.

Nun wohnte die elektrische Großmutter aber eine elektrische Stunde weit hinter dem elektrischen Märchenwald. Im elektrischen Märchenwald begegnete ihm auf einer elektrischen Lichtung der elektrische Wolf. Das elektrische Rotkäppchen wußte nicht, was für ein fürchterlicher und gemeiner Elektrisierer er war, und es fürchtete sich nicht vor ihm.

»Guten Tag, elektrisches Rotkäppchen!« sprach er. »Wo willst denn du so früh hinaus?«

»Zur elektrischen Großmutter, ihr etwas elektrischen Kuchen und elektrischen Wein bringen. Sie soll sich daran etwas elektrisieren. Das wird ihr guttun.«

»Wo wohnt denn deine elektrische Großmutter?« fragte der elektrische Wolf.

»Eine elektrische Stunde weit weg«, antwortete das elektrische Rotkäppchen, »hinter den großen Elektroleitungen, du wirst das ja wissen.«

»Hör, Rotkäppchen«, sprach der elektrische Wolf, »hast du die elektrischen Lampen im Wald nicht gesehen? Hast das schöne Summen und Simmen nicht gehört? Geh vom Weg ab! Du wirst sehen, wie schön elektrisch das alles ist.«

Das elektrische Rotkäppchen schlug die Augen auf und sah, daß es stimmte, was der elektrische Wolf gesagt hatte. Und er drehte es etwas nach links, und so wich es vom Weg ab und ging in den elektrischen Märchenwald hinein. Es elektrisierte sich an den schönen elektrischen Lampen bis es fünf Uhr war.

Inzwischen aber kam der elektrische Wolf zum elektrischen Haus der elektrischen Großmutter und sprach elektrisch: »Mach mir auf, elektrische Großmutter, ich bin das elektrische Rotkäppchen und soll dir elektrischen Kuchen und elektrischen Wein bringen, damit du dich daran schön elektrisieren kannst.«

»Drück nur auf den elektrischen Knopf«, sprach die elektrische Großmutter. Und als der elektrische Wolf das getan hatte, ging die Tür elektrisch auf.

Er ging hinein und fraß die elektrische Großmutter elektrisch auf. Er setzte sich ihr elektrisches Nachthäubchen auf, zog sich ihr elektrisches Nachthemd an und legte sich elektrisch ins Bett. Er zog elektrisch die Vorhänge zu, und als das elektrische Rotkäppchen kam und der elektrischen Großmutter die elektrischen Geschenke brachte, sah es in der elektrischen Stube so seltsam aus.

Das elektrische Rotkäppchen sprach: »Ei, wie ist mir so seltsam elektrisch zu Mute. Ich kam doch sonst immer so gern zur elektrischen Oma!«

Sie kam näher, zog elektrisch den Vorhang zur Seite und sprach: »Ei, elektrische Großmama, was hast du heute für elektrisch große Ohren?«

»Damit ich dich besser hören kann«, antwortete der elektrische Wolf.

»Aber was hast du für eine elektrisch große Nase?«

»Damit ich dich besser riechen kann.«

»Und was hast du für elektrisch große Augen?«

»Damit ich dich besser beleuchten kann.«

»Aber du hast auch so einen elektrisch großen Mund!«

»O ja«, sagte der elektrische Wolf, sprang aus dem Bett und fraß das elektrische Rotkäppchen auf. Dann legte er sich wieder hin und fing an, elektrisch zu schnarchen.

Zufällig kam der Elektriker des Weges. Der hörte das elektrische Schnarchen draußen und sprach zu sich: »Warum schnarcht die elektrische Großmutter nur so laut, sie wird doch wohl keine elektrische Störung in der Röhre haben!«

Er drückte die elektrische Klinke herunter, ging in das elektrische Haus und fand den elektrischen Wolf im elektrischen Bett. Da nahm der Elektriker sein elektrisches Werkzeug, klemmte dem elektrischen Wolf den Strom ab und löschte ihm das elektrische Leben aus. Dann schraubte er ihn auseinander und fand in seinem Bauch die elektrische Oma und das elektrische Rotkäppchen und befreite sie.

Da waren die beiden aber froh. Sie teilten mit dem Elektriker ihren elektrischen Wein und den elektrischen Kuchen und verspeisten alles zusammen. Dann nahm der Elektriker das elektrische Rotkäppchen mit, begleitete es noch ein kleines elektrisches Stück Wegs, und es ging zurück durch den elektrischen Wald zu seiner elektrischen Mutter. Und es ging Zeit seines Lebens nie, nie wieder von seinem elektrischen Weg ab, um elektrische Lampen zu besichtigen, und deswegen lebte es noch sehr lange. Und wenn es nicht gestorben ist, dann lebt es auch noch heute.

Das Rotkäppchenspiel

Wer das Rotkäppchenspiel weiterspielen will, muß vor jedes Wort, wo es paßt, ein Eigenschaftswort setzen. Zum Beispiel »viereckig«. Dann geht es so weiter: »Es war einmal eine süße viereckige Dirn, die hatte jedermann viereckig lieb, am liebsten aber ihre viereckige Großmama...« und so weiter. Oder »chinesisch«. Dann geht es so weiter: »Es war einmal eine chinesische Dirn, die hatte jedermann chinesisch lieb...« Und so weiter. Oder »kariert«, oder »durchsichtig«. Aber man kann auch Wörter erfinden, die es nicht gibt, zum Beispiel »moralide«...

Die sieben Raben

s war einmal eine Frau, die wünschte sich viele Kinder. Aber das Wünschen nutzte ihr nichts, denn sie bekam kein einziges. Einmal sagte sie leichtfertig, als sie an einem Kirchhof vorbeiging und die Raben um den Turm fliegen sah: »Ach, hätte ich doch wenigstens sieben Söhne, und wenn es kleine, nette, schwarze Raben wären, ich wäre froh darüber.«

Und bald darauf sollte sie ein Kind bekommen, freute sich schon sehr darauf, erzählte es allen Leuten, ließ schon für die Zeitung die Anzeige vorbereiten, aber als es auf die Welt kam, war es ein Rabe. Freilich, sie war nicht undankbar deswegen und freute sich und schaukelte ihn auf ihren Armen, packte ihn in Windeln, puderte ihn unter dem Schwanz, legte ihn trocken, fütterte ihn wie einen Sohn, fuhr im Kinderwagen mit ihm spazieren. Und wenn jemand sagte: »Ach, guten Tag, liebe Frau Umsum (so hieß die Frau), wie geht's, und was macht das Kindchen?« – dann verhielt sie sich so, als wäre der kleine, nette Rabe ein Kind.

Sie sagte: »Hoffentlich kommen bald die ersten Zähnchen, er macht mir ja so viel Freude, ach Gott.« Und sie ließ die Leute in den Kinderwagen schauen.

Kaum konnte der Rabe fliegen, sollte sie ein zweites Kind bekommen. Und wieder freute sie sich, sagte es allen Leuten, und als das Kind auf die Welt kam, war es wieder ein kleiner, netter Rabe.

Die Frau freute sich wieder, als wär's ein Sohn. »Schwarze Haare hat er«, sagte sie den Leuten, »und macht mir ja so viel Freude.«

Sie fütterte die beiden kleinen Raben mit guten Speisen, hätte ihnen am liebsten Teller aus Gold und goldene Gabeln und Löffel auf den Tisch gelegt. Kaum konnte der zweite Rabe fliegen, sollte die Frau ein drittes Kind bekommen. Und es wurde wieder ein Rabe. Auch diesen behandelte sie nicht schlechter als die ersten beiden.

»Denken Sie«, sagte sie zu den Leuten, »wieder schwarze Haare! Das ist doch ein großes Glück für eine Mutter, nicht wahr? Er macht mir ja so viel Freude.«

Sie fuhr ihn im Kinderwagen spazieren, die beiden anderen flogen hinterher, und die Frau war ihrer Kinder recht froh. Und kaum konnte der dritte fliegen, sollte sie wieder ein Kind bekommen. Wieder wurde es ein Rabe.

»Ein kleiner, netter Rabe ist doch besser als kein Rabe«, sagte sich die Frau, freute sich, daß sie schon so viele Kinder hatte; denn sie war vorher immer so einsam gewesen.

Aber bald bekam sie noch einen Raben und noch einen und noch einen, bis sie sieben hatte.

Das alles war schön und gut. Die Frau fütterte die sieben mit kleinen Fleischstückchen, Gemüse – am liebsten aßen sie ja Lauch oder auch Ameiseneier. Nur konnte sie sich nicht richtig mit ihnen unterhalten, die Raben krächzten immer nur. Auch entstand in der Wohnung bald so ein Rabengestank, freilich merkte das die Mutter nicht, denn sie gewöhnte sich daran. Sie fing jetzt an, sich wenigstens eine Tochter zu wünschen, denn sie meinte, daß diese außerhalb des Zaubers stünde und bestimmt kein Rabe werden würde.

Und da hatte sie recht, denn als sie wieder ein Kind bekommen sollte, war es ein Mädchen.

Nur mit den Raben kam sie nicht zurecht. Wollte sie beispielsweise im Autobus zu ihrer Schwester Lucie fahren und die Kinder mitnehmen, bekam sie Ärger mit dem Schaffner. »Vogelpack!« sagte er. »Das Transportieren von Tieren ist im Autobus nicht gestattet, oder diese müssen in ordentliche Tiertransportkörbe verpackt werden. Das kostet außerdem das Doppelte. Und überhaupt stinken diese Viecher.«

Na, freilich, die Raben verstanden ihn nicht und waren lustig, hackten sich gegenseitig ins Genick und beschmutzten die anderen Fahrgäste mit Rabendreck. Und die Frau wurde mitsamt ihren sieben Söhnen und der Tochter hinausgeworfen.

Als die Raben in die Schule gehen sollten, gab der Lehrer ihr den Rat, die Vögel an einen Vogelhändler zu verkaufen, es gäbe Liebhaber für solche Viecher. Aber für die Mutter wäre das furchtbar gewesen, ihre eigenen Kinder zu verkaufen. Da hätte sie sich schon lieber von der Tochter getrennt, denn Mütter lieben die Söhne mehr als die Töchter. Meistens.

Wollte die Frau ihre Söhne ins Hochamt in die Kirche mitnehmen, sah der Pfarrer sie ganz streng von der Kanzel an und stockte in der Predigt, so daß alle Leute in der Kirche sich umdrehten und die Frau ansahen, bis sie mit ihren Kindern hinausging.

Aber die Frau war nicht undankbar. Nur manchmal, wenn die anderen Mütter mit ihren Kindern in den Grünanlagen herumstolzierten wie die Auerhühner und protzten und die Zähne ihrer Kinder vorzeigten, die schon wieder neu gewachsen waren, und die Preise von gestrickten Anzügen herumzeigten, die sie ihren Kindern neu gekauft hatten, und auch das Spielzeug herumtrugen, damit alle sehen konnten, wie teuer es gewesen war – da, manchmal, wünschte sich die Frau, ihre Söhne wären keine Raben, sondern Söhne.

Der Schwester war das gleich, denn sie hatte die Raben sehr gerne. Sie spielte mit ihnen und kraulte sie auf dem Kopf.

Einmal, als die Frau wieder am Kirchhof vorbeiging, sagte sie: »Ach, wären meine Söhne doch Söhne und keine Raben, das wäre mir wohl lieber so.«

Und als sie nach Hause kam, sah sie, wie die sieben Raben aufeinander losgingen und sich gegenseitig die Federn rupften, bis sie ganz nackt waren. Und sie wurden Söhne.

Und da fing es an! Zuerst mußte die Frau ihnen sieben Anzüge kaufen, Unterwäsche und Winterwäsche und Schals und Mützen und Strümpfe und Schuhe, so viel Geld hatte sie gar nicht. Und dann wollten sie essen! Aber keine *kleinen* Stücke Fleisch und *etwas* Gemüse. Nein, *große* Stücke Fleisch und *viel* Gemüse. Dann spielten sie auch nicht mehr mit ihrer Schwester, sondern sie prügelten sie. Sie flogen auch nicht friedlich in der Luft herum, sondern lärmten, warfen mit Steinen, und bald fingen sie an,

Karten zu spielen und zu fluchen. Sie trieben Unfug und scheuten sich auch nicht, zu lügen und zu stehlen und Tiere zu quälen. Besonders Raben konnten sie nicht leiden.

Da hat die Mutter oft daran gedacht, wie schön das doch war, als ihre Söhne noch klein waren.

Das Rumpelstühlchen

s war einmal ein König, der hatte alle Feinde ringsum besiegt, und alle waren ihm untertan. Nur einer nicht, das Rumpelstühlchen. In einem Saal nämlich, in seinem Schloß, stand ein Stühlchen. Kaum daß sich jemand daraufsetzte, fing es sofort an zu rumpeln und zu pumpeln und warf ihn quer durch den ganzen Saal. Ob's ein Minister war oder eine Kammerzofe, ob's ein Graf war oder ein Knecht, ob's der König war oder seine Gemahlin – kaum hatte jemand mit dem Hintern das Stühlchen berührt, fing es an zu rumpeln und pumpeln, als wär's der Teufel selbst, und warf ihn quer durch den ganzen Saal.

Nur einer durfte in Frieden auf dem Rumpelstühlchen sitzen, nämlich die jüngste Tochter des Königs, die Bodula.

Bodula war so schön, daß die Blumen im Garten vor Freude weinten, wenn sie vorbeiging. Bodula war so zart wie eine Löwenzahnblüte und genauso leicht. Setzte sie sich auf das Rumpelstühlchen, wurde dieses zahm und weich wie eine Lämmerwolke.

»Teufel auch«, sagte der König, »ich mag ja Bodula sehr gern, aber auf dem verdammten Stuhl muß ich auch mal sitzen. Wär' doch gelacht!«

Kaum hatte er mit seiner Sitzfläche das Stühlchen berührt, fing es an zu rumpeln und zu pumpeln, und der König flog quer durch den Saal.

»So was ist mir noch nicht passiert«, schrie der König. »Bringt mir den arabischen Sattel und zäumt den verdammten Stuhl auf. Das wär' doch gelacht!«

Als er jünger war, war er nämlich der beste Reiter gewesen, den es weit und breit gab. Kein Pferd hat ihn je abgeworfen. Auf dem arabischen Sattel hatte er 413 Schlachten gewonnen und die feurigsten Pferde gezähmt.

Das Rumpelstühlchen ließ sich ohne Mucken aufzäumen, ließ sich den Sattel aufsetzen, aber kaum hatte der König mit seiner Sitzfläche das

113

Stühlchen berührt, wollte ihm gerade die Sporen geben, da fing es an zu rumpeln und zu pumpeln und warf ihn quer durch den Saal. Er verfing sich mit den Sporen im Kronleuchter und blieb hängen. »Teufel auch«, sagte er, »so etwas ist mir noch nicht passiert!«

Der König interessierte sich Tag und Nacht für nichts anderes mehr als für das Rumpelstühlchen. Er ließ die Minister allein regieren und Krieg führen. »Holt mir den Rüstmeister«, sagte er. »Er soll mir sofort eine Rüstung aus Eisen bauen, die so schwer ist, daß ich mich nicht darin bewegen kann. Denn wer sich nicht bewegen kann, der kann auch nicht durch die Luft fliegen, ist doch klar. Wär' doch gelacht!«

Der Rüstmeister baute ihm eine Rüstung, der König wurde auf das Rumpelstühlchen gesetzt, aber kaum hatte er mit der Rückseite den Stuhl berührt, fing der an zu rumpeln und zu pumpeln und warf ihn quer durch den ganzen Saal.

»Teufel auch«, fluchte der König, »holt mir den Kriegschiffsbaumeister! Er soll aus Eichenholz und Eisen eine komplizierte Konstruktion bauen. Dort soll er den verdammten Stuhl einzwängen, daß er sich keinen Millimeter vom Fleck rühren kann. Und dann setz' ich mich drauf. Wär' doch gelacht!«

Und als die komplizierte Konstruktion aus Eichenholz und Eisen fertig war, wurde das Rumpelstühlchen so eingezwängt, daß dreiundzwanzig Pferde es nicht wieder hätten herausziehen können.

Der König brauchte einen Fremdenführer, der ihn durch die komplizierte Konstruktion führte, damit er sich auf das Stühlchen setzen konnte. Kaum hatte er mit der hinteren Seite aber das Stühlchen berührt, fing dieses an zu rumpeln und zu pumpeln und warf ihn quer durch den ganzen Saal.

»Holt mir den schlauen Sternen- und Zaubermeister«, rief der König, »aber sofort!«

Der schlaue Sternen- und Zaubermeister sagte: »Ist ganz klar, sobald jemand das Stühlchen mit dem Hintern berührt, wirft es ihn durch die Luft. Ist doch ganz klar – weil es Hintern nicht leiden kann.«

»Und was ist mit Bodula?« fragte der König.

»Ist doch ganz klar, Bodula ist von allen Seiten so schön wie von vorn«, sagte der schlaue Sternen- und Zaubermeister, »da würde *ich* mich auch nicht wehren, würde sie sich auf mich setz . . .«

»Ach, quasseln Sie nicht!« schrie der König. »Also, was soll ich machen?«

»Den Hintern mit einer Bleiplatte isolieren«, sagte der schlaue Sternen- und Zaubermeister.

Und der König schob sich eine Bleiplatte in die Hose. Aber kaum hatte er das Rumpelstühlchen berührt, fing es an zu rumpeln und zu pumpeln und warf ihn quer durch den ganzen Saal.

»Wenn's vielleicht wirklich nur am Hinterteil liegt«, sagte der König, »dann muß ich es mit dem Kopf besteigen. Wär' doch gelacht!«

Vorsichtig stellte er sich vor das Rumpelstühlchen, machte einen Kopfstand auf ihm, aber kaum hatte er es mit dem Kopf berührt, fing es an zu rumpeln und zu pumpeln und warf ihn quer durch den ganzen Saal.

Die schöne Bodula aber konnte kommen, wann sie wollte, sich hinsetzen, sitzen wie sie wollte und bleiben, so lange sie Lust hatte.

»Im Schwimmen«, sagte der König, »hat mich aber noch keiner besiegt. Bringt den elendigen Stuhl an den See. Im Wasser werde ich ihn besteigen, im Wasser hat mich noch keiner besiegt. Wär' doch gelacht!«

Er zog sich die Badehose an, drückte das Rumpelstühlchen unter das Wasser, setzte sich drauf, und kaum hatte er es mit der Badehose berührt, fing es an zu rumpeln und zu pumpeln und warf den König quer über den See.

Da ließ der König bekanntgeben: »Wer hier in meinem Reich den verdammten Stuhl besteigen kann, der ist besser als ich. Der wird König und bekommt obendrein die schöne Bodula zur Gemahlin.«

Zuerst kam ein Dicker, der war so dick, daß er einen halben Tag brauchte, wenn er zu Fuß um sich selber herumgehen wollte. »Wär' doch gelacht!« sagte er und polierte sich vorher noch das Lederwams an der Sitzfläche, so wie ein Boxer sich in die Hände spuckt, ehe er dem Gegner einen Schwinger versetzt, und setzte sich dann mit seinem ganzen Gewicht auf das Rumpelstühlchen. Kaum hatte er's berührt, fing es an zu rumpeln und zu pumpeln und warf ihn quer durch den ganzen Saal.

Dann kam ein Langer. Wenn der auf einem Pferd ritt, konnte das Pferd so hoch springen, wie es wollte, um ihn abzuwerfen, er stand mit den langen Beinen immer noch auf der Erde.

»Wär' doch gelacht!« sagte er und band sich noch das Schuhband zu, stellte sich dann mit gespreizten Beinen über das Rumpelstühlchen und ließ sich langsam herunter. Kaum hatte er's berührt, fing es an zu rumpeln und zu pumpeln und warf ihn quer durch den ganzen Saal.

Dann kam der stärkste Mann im ganzen Reich. Wenn fünf Kriegsschiffe an Seile gebunden wurden und er die Seile in eine Hand nahm und dann Sturm mit Windstärke zehn aufkam, konnte er alle fünf Schiffe so fest halten, daß sie keinen Millimeter vorankamen und er sogar den Sturm bremste. »Ich packe erst den Stuhl an der Lehne«, dachte er. »Dann halte ich ihn fest, und dann schwing' ich mich drauf. Wär' doch gelacht!«

Das tat er auch, packte das Rumpelstühlchen mit beiden Fäusten, und es rührte sich um keine Haaresbreite.

»Das hättest du nicht gedacht, elendige Streichholzschachtel«, lachte der Starke, »hahahaha! Und jetzt, Kamerad, steig' ich auf.«

Dabei guckte er schon mit einem Auge auf die schöne Bodula und setzte sich ruhig auf das Rumpelstühlchen. Kaum hatte er es mit der Rückseite berührt, fing es an zu rumpeln und zu pumpeln und warf ihn quer durch den Saal.

Das halbe Land hatte es schon probiert, und niemand hatte es gekonnt. Dann kam noch so ein kleiner, kümmerlicher Mensch mit Brille, den sie schon am Tor nicht hereinlassen wollten.

»Laß ihn doch 'rein!« sagte der eine Torwächter, »der ist so schwer wie eine Fliege. Vielleicht merkt das Rumpelstühlchen gar nicht, daß jemand draufsitzt, hahaha.«

Also ließen sie ihn ein, und der kümmerliche Bursche fragte den König, ob er auch eine kleine Bedingung stellen dürfe.

»Bedingung hin, Bedingung her«, lachte der König, »stellen Sie soviel Sie wollen. Eichenbalken, Eisenstangen, Kriegsschiffe, Nägel und Soldaten, alles können Sie bekommen. Das wär' doch gelacht!«

Da bat der kümmerliche Mensch mit der Brille, daß die Prinzessin kommen solle.

»Und jetzt, bitte, setzen Sie sich auf das Stühlchen«, sagte er.

Die Prinzessin setzte sich.

Das Rumpelstühlchen war still und weich wie eine Lämmerwolke.

Dann setzte sich der kümmerliche Mensch auf die Prinzessin, also auf ihren Schoß, und hatte gewonnen. Versprochen ist versprochen, und er wurde König, die schöne Bodula aber seine Frau. Das Rumpelstühlchen behielten sie Zeit ihres Lebens zum Andenken. Manchmal setzten sie sich darauf, unten die Königin, oben der König, und ließen sich schaukeln.

Vom Schreiner und Drechsler

in Schreiner und ein Drechsler sollten ihre Meister-
stücke machen. Der Schreiner machte einen Tisch, der
war solide und fest, war gut geleimt, hielt drei dicke
Männer aus, die sich hätten draufsetzen können, und
die Schublade hatte zwei Fächer und ging wie geölt ohne
Quietschen. Der Drechsler hatte Flügel gemacht.

Als die beiden nun vor die Kommission mußten, besahen sich die Herren
also den Tisch und sagten: »Hm. Ein gewöhnlicher Tisch. Fällt nichts
daran auf. Ist das alles?«

»Er steht fest wie eine Eiche auf dem Feld«, sagte der Schreiner. »Bitte,
setzen sich die hohen Herren doch einmal darauf!«

»Danke, ist schon in Ordnung so«, sagte die Kommission. »Wird wohl
so stimmen. Aber ist das alles?«

»Ist kolossal geleimt«, sagte der Schreiner. »Bitte, wollen Sie drei Pferde
an jede Seite spannen und ihn auseinanderzureißen versuchen!«

Pferde gab es zu dieser Zeit nicht mehr viele. Sie hätten auch erst geholt
werden müssen, hätte es welche gegeben, und so sagte einer der Herren:
»Ist schon in Ordnung, das sehe ich so. Also fest ist er auch. Aber ist das
alles?«

»Nein«, sagte der Schreiner. »Wollen die hohen Herren den Tisch bitte
ins Wasser legen. Er schwimmt auch.«

Wasser war keines in der Nähe, auch hätte die Kommission sich genäßt,
und so sagten sie: »Ist gut. Also schwimmen kann er auch, aber das ist
sowieso logisch, ist ja Holz. Aber ist denn das alles?«

»Na ja«, sagte der Schreiner, »das Holz ist schön gleichmäßig, hat keine
Astlöcher, die Schublade quietscht nicht, und mehr können Sie von einem
Tisch wirklich nicht verlangen.«

»Er hat recht«, sagte die Kommission, »Meisterprüfung bestanden! Der
Drechsler soll kommen!«

»Und was bitte haben *Sie* vorzuweisen?« fragten sie den Drechsler.

»Flügel«, sagte der Mann.

»Ist das alles? Stellen Sie die mal hin!«

»Stehen nicht«, sagte der Drechsler, »denn Flügel fliegen.«

»Aha! Stehen also nicht. Sind also auch nicht fest. Dann werden wir einmal ein paar Pferde davor spannen und daran ziehen lassen.«

»Bitte nicht«, sagte der Drechsler, »es sind doch Flü-gel.«

»Aha, also auch nicht gut geleimt. Dann werden wir sie mal ins Wasser legen. Können Sie damit schwimmen?«

»Nein«, sagte der Mann, »denn das sind Flügel.«

»Quietschen sie?« fragte ein hoher Herr.

»Ja«, sagte der Drechsler.

»Aha, quietschen. So.«

Sie steckten die Köpfe zusammen und sagten: »Nicht bestanden, Meisterprüfung nicht bestanden. Das ist alles.«

Da schnallte sich der Drechsler die Flügel an, setzte sich aufs Fensterbrett und flog davon. Er kam nie wieder. Und weil er der letzte Drechsler war, gibt es seitdem keine Drechsler mehr.

Hansens Trine

ans hatte Katherine geheiratet, weil sie so schön war. Aber kaum war die Hochzeitsfeier vorbei, da zeigte es sich, wie faul die Trine war.

Immer dachte sie bei sich: »Soll ich zuerst essen, oder soll ich zuerst schlafen? Ich ess' lieber zuerst, sonst schlafe ich vor Hunger am Ende unruhig.«

Sie aß, wurde davon müde, und dachte: »Jetzt muß ich aber wirklich etwas schlafen.«

Sie legte sich also hin und schlief. Wachte sie auf, dann hatte sie wieder Hunger; denn schlafen machte sie hungrig, und sie aß etwas. Hatte sie gegessen, wurde sie davon müde und ging also schlafen. Dann aß sie wieder. Hatte sie gegessen, sagte sie: »Nach dem Essen sollst du ruhn oder tausend Schritte tun! Da müßt' ich mir extra die Schuhe anziehn, leg' ich mich lieber hin.«

Konnte sie nicht schlafen, dann lag sie auf dem Sofa und las illustrierte Zeitungen. Das machte sie aber hungrig, und sie mußte etwas essen. Kam

der Hans von der Arbeit nach Haus, lag seine schöne Trine auf dem Sofa.

»Was hast du heut' gekocht«, fragte der Hans.

»Heute nichts, heute war ich etwas müde«, antwortete die Trine.

Da schlug sich der Hans zwei Eier in die Pfanne und machte Spiegelei.

»Da kannst du für mich bitte auch gleich zwei braten«, sagte die Trine.

Und so ging das jeden Tag. Einmal, als der Hans nach Hause kam und die Trine schlief, ärgerte er sich, nahm die Schere und schnitt ihr ein Stück vom Kleid ab. Damit sie sich auch einmal ärgern sollte.

Aber sie ärgerte sich nicht. Sie schaute in den Spiegel und sagte: »Das sieht ja fabelhaft aus!« und ging sofort hinaus auf die Straße, damit's jeder sehen konnte.

Dort sah sie der Friederich, weil das so schön war, und nahm sie mit nach Haus, wo er sie auch bald heiratete. Aber kaum war die Hochzeit vorbei, da zeigte es sich, wie faul die Trine war. Sie legte sich aufs Sofa und überlegte: »Ess' ich zuerst, oder schlaf' ich zuerst? Ich ess' lieber zuerst.«

Und so ging das weiter. Aber der Hans war die Trine wenigstens los.

123

Der Däumling

in Bauer hatte einen Sohn, der war so klein wie ein Finger, ja, eher noch kleiner, so daß die Nachbarn schon mit bösen Zungen darüber schwätzten, den Bauern gar foppten. Denn wie konnte das denn sein? Der Vater selbst mit seinem ganzen Leib war ziemlich groß (eins-dreiundsechzig). Sagt doch eine alte Bauernregel:

Ist überm Stall der Himmel bleich,
wird der Sohn dem Vater gleich.
Ist es aber dunkel schon,
gleicht dem Vater genau der Sohn.

Das will nichts anderes besagen als: Wie der Vater, so der Sohn. Und das will wieder nichts anderes besagen als: Ist der Vater groß, ist der Sohn auch groß, ist der Vater dick, ist der Sohn auch dick. Ist der Vater schwarz, ist der Sohn auch schwarz. »Also«, sprachen die Bauern im Dorf, »muß der Vater wohl ein Finger sein!« Und da der Sohn gar nicht wuchs und einem Daumen an Größe gleichkam, hieß er auch »Däumling«.
Der Däumling war aber der einzige Sohn des Bauern und sein Erbe. Ab seinem zehnten Lebensjahr hätte er den Traktor fahren sollen, ab seinem zwölften den Mercedes probieren und ab seinem dreizehnten denselben lenken dürfen. Ab seinem vierzehnten Lebensjahr hätte er den automatischen Heustapler, die Egge, den Jauchenzerstäuber und die Ungeziefervertilgungsmaschine über die Äcker fahren müssen. Ab seinem 55. Lebensjahr hätte ihm der ganze Hof gehört.
Aber er wuchs und wuchs nicht und war — stellte er sich auf das Schnapsglas — kaum so groß wie der Mercedes-Zündschlüssel.
Nun ging der Junge nicht nutzlos einher, sondern er packte mit an, wo er nur konnte, sammelte Krümel auf der Tischdecke und stapelte sie schön auf einen Haufen. Er trug abgebrannte Streichhölzer weg, sammelte gar

Ist überm Stall
der Himmel
bleich —
wird der Sohn dem
Vater gleich.
ist er aber dunkel
schon —
gleicht dem Vater
genau der Sohn.
(Sprichwort).

Zigarrenstummel, die sein Vater achtlos auf den Teppich fallen ließ, und schleppte alles hinaus auf den Mist. Das war keine leichte Arbeit für so einen kleinen Menschen, weiß Gott nicht!

Einmal wollte der Bauer hinaus aufs Feld gehen und pflügen. Da sprach der Kleine: »Vater, ich will mit hinaus.«

»Du willst mit hinaus?« sprach der Vater. »Bleib du hier! Dort bist du zu nichts nutz. Du könntest mir auch verlorengehen.«

Da fing der Däumling an zu weinen, und um Ruhe zu haben, steckte ihn der Vater in die Jackentasche und nahm ihn mit. Draußen auf dem Feld nahm er ihn heraus und setzte ihn neben eine frische Ackerfurche.

Wie der Vater dann dort so lag und in der Frühstückspause einnickte, kamen Fliegen und Beißtiere und peinigten den Bauern, störten seinen wohlverdienten Schlaf, indem sie sich auf ihn setzten und ihn kitzelten.

Da verbarg sich der Kleine hinter der großen Nase des Vaters und lauerte den Viechern auf, warf mit kleinen Steinchen nach ihnen, erschlug gar zwei der Tiere mit einer Baumeichel. Ja, er stürzte sich auch mit bloßen Fäusten auf eine Riesenpferdeasselfliege und boxte sie.

Aber der Vater war des nicht zufrieden, denn er erwachte von dem Kampf und vermeinte, sein Sohn habe ihn aus Mutwillen geweckt.

Auch im Haus rückte der Däumling den Beißinsekten und Kriechtieren zu Leibe, indem er sich aus einer Tannennadel einen Bogen fertigte, Schweineborsten, die er vom Rock seines Vaters klaubte, säuberlich anspitzte und als Pfeile benutzte, um damit nach den Tieren zu schießen.

Freilich war das nicht leicht, aber bald erlangte er eine solche Fertigkeit, daß er sogar fliegende Mücken mit einem Schuß erlegte, und er trug sie säuberlich hinaus auf den Dung. Ja, selbst das gelang ihm, daß er dicke Brummer so in den Fügel traf, daß sie fortan flugunfähig waren und ihm dienen mußten. Er belud sie mit kleinen Lasten und ließ sie für sich arbeiten, ließ sie beispielsweise tote Kriechinsekten transportieren, damit sie nicht herumlagen. Kurz, er war nützlich und auch immer guter Dinge, mehr als ein größerer Mensch.

Doch der Vater war des nicht zufrieden. Denn was der Kleine an Mist zusammenbrachte, war für den Bauern nicht einmal eine Hand voll.

Ein anderes Mal wollte der Bauer wieder aufs Feld, Milch von den Kühen holen. Da sah der Kleine, daß der Wagen nicht ansprang. Der Vater fluch-

te sehr. Dreck war vom Finger auf den Zündschlüssel gekommen und von dort ins Zündschloß gelangt. Und so machte sich der Sohn an die Arbeit, reinigte das Zündschloß von innen. Putzte und ölte die kleinen Federchen und Röllchen und erlangte später sogar eine solche Fertigkeit darin, daß er seinen Vater bat, ihn Zündschloßfeinmechaniker im Mercedes-Werk werden zu lassen.

Aber der Vater war des nicht zufrieden. Er hatte keinen Sinn für Feinmechanik, denn er rechnete diese zur Kunst, Kunst aber nannte er Mist und unnötig.

Wieder ein anderes Mal wollte der Bauer in die Stadt, Geld abholen.

»Vater, nimm mich mit in die Stadt«, sagte der Kleine.

»Du willst mit in die Stadt?« sagte der Vater. »Bleib du hier! Dort bist du zu nichts nutz. Du könntest mir auch verlorengehen.«

Da fing der Kleine an zu weinen, und um Ruhe zu haben, steckte ihn der Vater in die Jackentasche.

In der Stadt stellte der Bauer den Mercedes-Diesel auf dem Parkplatz beim Bahnhof ab, und als er das Geld hatte, kaufte er sich ein kleines Kofferradio, Made in Japan, und nicht sehr teuer. Damit er auf dem Feld beim Ackern nicht so allein wäre. Voll Freude ließ der Bauer das kleine Gerät den ganzen Weg spielen, eine Batterie kostete nur sechzig Pfennig und reichte dreißig Stunden.

Auch der Däumling fand viel Freude an dem Gerät, schlief zu Hause nicht mehr in der Schrotpatronenschachtel, die seine Mutter ihm zur Nacht bereitet hatte, sondern neben dem Radio. War der Vater mit der Mutter zu Bett gegangen und es war alles still, kroch der Kleine sogar in den Apparat hinein, studierte den einfachen Aufbau des Gerätes und erlangte bald eine solche Fertigkeit in der Sender-Feineinstellung, daß es ihm gelang, sowohl Morsezeichen von Weltraumschiffen als auch russische Geheimsender zu empfangen; dreimal in der Woche spielten sie zur Reklame schöne Kosakenmusik, einmal auch das Lied von der Troika.

Aber der Vater war des nicht zufrieden. Denn Morsezeichen konnte er nicht verstehen und Kosakenmusik schon gar nicht.

Aber auch im Reparieren von Damenarmbanduhren erlangte der Däumling eine große Fertigkeit, denn in einer Bonbonnierenschachtel auf der Frisierkommode hatte er eine Armbanduhr seiner Mutter, ein einziges Andenken an ihre erste heilige Kommunion, gefunden. Er hatte die Uhr auseinandergenommen, wieder zusammengebaut, auseinandergenommen und wieder zusammengebaut, dreimal am ersten Tag, fünfmal am zweiten und später so schnell hintereinander, daß er es nicht mehr zählen konnte. Das war schön. Und so bat er seinen Vater, Damenarmbanduhrenmacher werden zu dürfen.

Aber der Vater war des wieder nicht zufrieden.

Auch waren dem Kleinen bei dieser Fummelarbeit viele Gedanken durch den Kopf gegangen, und da es an der Zeit war, daß ihm der erste Flaum unter der Nase wuchs, fiel ihm eine alte Bauernregel ein, die sagt:

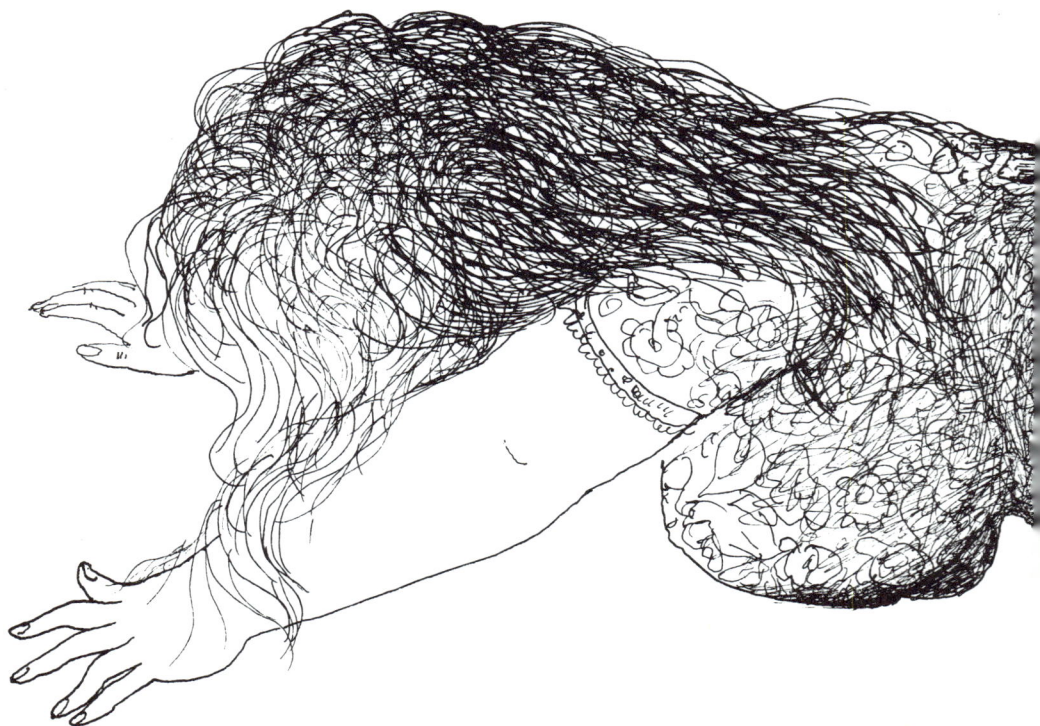

Stellt der erste Flaum sich ein,
soll der Bauer ein Mädel frein!

So hielt er um die Hand der schönen Mia an, ein weiches, dickes Mädel, gemütlich anzufühlen und von Herzen gut. Ihr Vater war Bäckermeister. Auch sie hatte Gefallen an dem Kleinen gefunden und gab dem geschickten Jungen, ohne mit der Wimper zu zucken, ihr Jawort. Sie hatte ihn von Herzen lieb, denn er war wie eine kleine Maus und kitzelte so schön.
Als Mia aber ihren Vater um sein Einverständnis bat, war er des gar nicht zufrieden, denn sein Streben ging immer nach Geld und Gut, auch nach

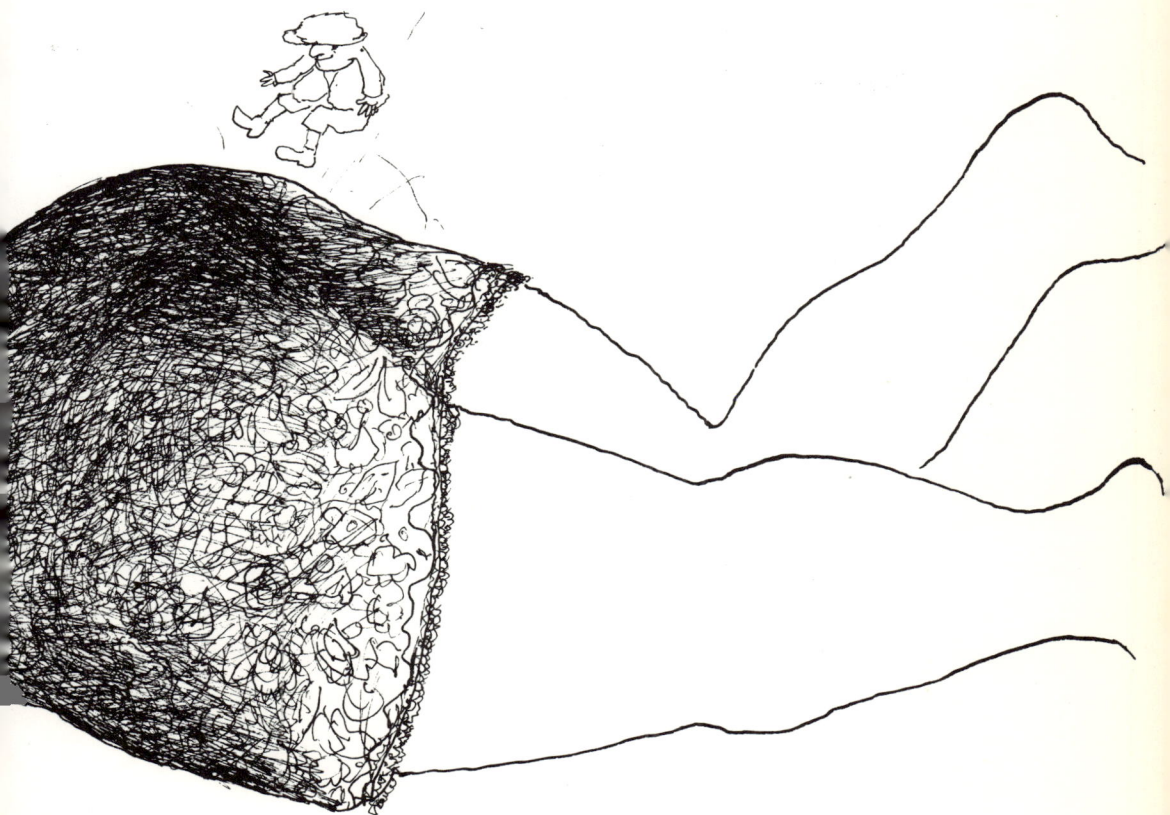

starken Armen und Beinen, die in der Backstube zupacken und mal einspringen konnten.

Die schöne Mia aber liebte ihren Däumling; denn ein altes Bäcker-Sprichwort sagt:

> Was nützt dem Menschen Geld und Gut,
> wenn ihm etwas wehe tut.

Der Däumling nämlich tat ihr nie und nimmer wehe.

Als aber der Bauer auch nicht einverstanden war, daß sein Sohn die schöne Mia freite, und da er doch auch auf dem Hof keine rechte Arbeit verrichten konnte, da fing der Kleine an zu weinen und sprach: »Nichts kann ich dir recht machen. Jetzt sag du mir, was ich tun soll, damit du zufrieden bist.«

»Autofahren sollst du! Wenigstens den Diesel, der fährt sich leicht wie Butter, und jedes Bauernkind kann ihn lenken!«

Der Bauer ließ von der Werkstatt eine Invalidenarmatur einbauen, eine mit Verlängerungshebeln und allem drum und dran, denn beim Mercedes geht alles, aber sie reichte oben und unten nicht – der Däumling konnte den Wagen nicht lenken, er war zu kurz.

Als der Bauer ihn ein letztes Mal mit auf das Feld nahm und der Däumling neben der frischen Furche saß, der Vater wieder schlief, kam über den Berg ein großer Riese gegangen. Er nahm den kleinen Däumling behutsam zwischen zwei Finger, hob ihn in die Höhe, und als der Däumling ihn herzlich darum bat, nahm der Riese ihn in die Lehre. Er gab ihm Riesenmilch bei der Riesin zu trinken, und der Däumling wuchs und wuchs, wollte gar nicht mehr aufhören mit Wachsen und wurde ein Riese. Er ging zurück nach Hause. Aber was er dort in die Hand nahm, ging kaputt. Er zertrat mit seinen großen Füßen den teuren Salat, brach Obstbäume um und beschädigte gar den Diesel.

Und der Vater war des wieder nicht zufrieden.

Und als der Junge zu der schönen Mia kam, weinte sie und war des auch nicht zufrieden. Da ging der Junge davon und kam nie wieder zurück.

Herr Korbes

Einmal war Herr Korbes zu einem Tanzvergnügen gegangen. Er hatte dort ein Hühnchen kennengelernt und
mit ihr ein Tänzchen gewagt. »Ach, kommen Sie mich
doch mal besuchen«, sagte Herr Korbes. »Am besten
gleich morgen, bei mir gibt es Kuchen.«
»Dann bringe ich aber meinen Bräutigam mit«, sagte die Henne, »den

1.

2.

Hahn.« Eingeladen ist eingeladen, Herr Korbes konnte schlecht nein sagen.
Also nahm die Henne am nächsten Tag ihren Bräutigam, den Hahn, mit,
und sie machten sich auf den Weg zum Herrn Korbes.
Als sie ein Stück gegangen waren, trafen sie eine Katze.

3.

4.

»Wo geht ihr hin?« fragte die Katze.

»Den Herrn Korbes besuchen,
bei ihm gibt es Kuchen.«

»Kuchen ess' ich auch gern«, sagte die Katze und ging mit.
Dann trafen sie einen Autoreifen.
Der Autoreifen fragte: »Wohin geht ihr?«

»Den Herrn Korbes besuchen,
bei ihm gibt es Kuchen.«

5.

»Kuchen ess' ich auch gern«, sagte der Autoreifen und ging mit.
Dann trafen sie einen alten Soldatenstiefel.
Der alte Soldatenstiefel fragte: »Wohin geht ihr?«

»Den Herrn Korbes besuchen,
bei ihm gibt es Kuchen.«

»Kuchen ess' ich auch gern«, sagte der alte Soldatenstiefel und ging
mit. Dann trafen sie einen Fliegenfänger.
Der Fliegenfänger fragte: »Wo geht ihr hin?«

»Den Herrn Korbes besuchen,
bei ihm gibt es Kuchen.«

»Kuchen ess' ich auch gern«, sagte der Fliegenfänger und ging mit.

Dann trafen sie eine Mistgabel.

Die Mistgabel fragte: »Wo geht ihr hin?«

> »Den Herrn Korbes besuchen,
> bei ihm gibt es Kuchen.«

»Kuchen ess' ich auch gern«, sagte die Mistgabel und ging mit.

Dann trafen sie einen grünen Hut.

Der grüne Hut fragte: »Wo geht ihr hin?«

> »Den Herrn Korbes besuchen,
> bei ihm gibt es Kuchen.«

»Kuchen ess' ich auch gern«, sagte der grüne Hut und ging mit.

Als sie zum Herrn Korbes kamen, hatte er keinen Kuchen.

Da packte ihn der Fliegenfänger, wickelte sich um ihn und klebte ihn fest. Der grüne Hut stieg auf seinen Kopf und war ihm zu groß – jetzt konnte Herr Korbes nichts mehr sehen.

Der Hahn und die Henne fingen an, ihn zu kratzen.

Der Autoreifen rollte ihm zwischen die Beine, und Herr Korbes fiel hin.

Die Katze ging auf ihn los, und die Mistgabel stach ihn in den Hintern.

Der Soldatenstiefel hackte, und die Henne schrie: »Wir werden Ihnen schon zeigen, eine arme, anständige Henne anzulügen. Sie Lump, Sie Lump, Sie!« Ja, das kommt davon, Herr Korbes!

6.

Die Sterntaler

Gestern stand in der Zeitung:

Wie aus Madrid verlautet, gelang es Interpol, die beiden seit drei Jahren gesuchten Geldfälscher und Falschmünzer Erich Flimmer und Max Habedas, die in der Unterwelt unter den Namen Flimmer-Erich und Moneten-Maxe bekannt sind, in einer Gartenlaube zu verhaften. Wie bis jetzt bekannt wurde, soll Flimmer, der sich bis zu seinem siebzehnten Lebensjahr als Amateurbastler in seiner Heimatstadt Groningen einen Namen gemacht hatte, durch einen Rechenfehler auf eine kosmische Formel gestoßen sein, die es ihm ermöglichte, durch ein einfaches Magnetverfahren kleinere Sterne vom Himmel zu holen.

Zur Aufklärung des Falles kam es, als fast sämtliche Sternwarten des oberen Erdballs feststellten, daß ständig kleinere Sterne und Sternbilder vom Himmel verschwanden. Es wurde beobachtet, daß sich vermeintliche Sternschnuppen alle auf einen Punkt hin bewegten. Interpol gelang es, diesen Punkt zu orten. Er wird angegeben als eine Art Gartenlaube in den mittleren Pyrenäen in der Nähe eines Dorfes, das aus sechs Häusern besteht. Die Laube diente den beiden Unterweltlern als Werkstatt und Schlupfwinkel. Die Sterne wurden durch einen kleineren Stratotrichter hinter der Laube auf einen Amboß geleitet und von den beiden mit einem Hammer plattgeklopft. Dabei zog sich Flimmer-Erich ein Augenleiden zu, wonach es ihm – soweit verlautet – ständig vor den Augen flimmern soll. Dieses Verfahren, Geld zu fälschen, wird in Fachkreisen als »Sterntalerverfahren« bezeichnet.

Bei der Vernehmung gab Erich Flimmer zu, durch einen Rechenfehler auf die Formel gestoßen zu sein. Max Habedas jedoch behauptete, vor etwa vier Jahren einem alten Mann eine Hose geschenkt zu haben, seitdem wären ihnen die Sterne sozusagen von alleine in den Schoß gefallen.

»Vielleicht«, so Habedas, »ist dieser Mann der liebe Gott gewesen.«

Der alte Sultan

in alter Hund hatte sein Leben lang einem Bauern gehört und dort alles bewacht. Als er nun alt war und nicht mehr gut hören, auch fast gar nichts mehr sehen konnte, kam es manchmal vor, daß er nicht rechtzeitig bellte, wenn jemand kam. Das aber hätte er tun müssen, denn es hätten ja Diebe sein können.

»Ich werde ihn nächste Woche erschießen«, sagte der Bauer zu seiner Frau. Er hatte nämlich ein Gewehr.

»Aber er hat doch so lange unseren Hof bewacht und immer gebellt, wenn jemand kam, der ein Dieb hätte sein können«, sagte die Frau. »Vielleicht solltest du ihn leben lassen.«

»Dafür hat er auch sein Fressen bekommen«, sagte der Bauer. »Wer zu nichts mehr taugt, ist ein unnötiger Fresser.«

»Aber einmal hat er doch unsern Sohn aus dem Wasser gezogen und vor dem Ertrinken gerettet. Weißt du das nicht mehr?«

»Hätte er ihn nicht gerettet, hätten sie ihn im Krieg nicht totschlagen können, als er Soldat werden mußte.«

»Aber weißt du nicht mehr, wie damals unser Haus gebrannt hat? Der Sultan hat seine Kette losgerissen und sich dabei fast erwürgt, weil er uns wecken wollte. Und dann haben wir das Feuer noch gelöscht.«

»Gelöscht, gelöscht!« sagte der Bauer. »Hätte der Köter uns nicht geweckt, wäre alles schön abgebrannt, und die Versicherung hätte gezahlt. Dann hätten wir ein neues Haus mit allem Komfort bauen können.«

Das alles hörte der alte Sultan.

»Du kannst ihn doch nicht umbringen«, sagte die Frau. »Damals, als unser Stier auf das kleine Kind losging, hat der Sultan sich halb umbringen lassen von ihm und hat das Kind gerettet.«

»Ach, was du immer redest!« sagte der Bauer. »Und ich mußte den Stier schlachten, weil der Köter ihn gebissen hat. So einen Stier habe ich nie

wieder bekommen. Und hast du mal nachgerechnet, wieviel der frißt?«
sagte der Bauer. »Nein, der Hund ist dran. Und was denkst du, wieviel
Strafe ich zahlen muß, wenn sie mich erwischen, weil ich keine Hunde-
steuer zahle? Na!«

Als der alte Sultan hörte, daß er zuviel fräße, ging er weg. Er verschwand
dort im Gestrüpp, beim Bach.

»Aber du kannst ihn doch nicht umbringen«, sagte die Frau, »er ist doch
bloß so ein armes Vieh, genau wie ein Mensch.«

»Wenn ich Kugeln im Haus hätte«, sagte der Bauer, »würde ich ihn noch
heute umlegen.«

Der alte Sultan ernährte sich von dem Wasser, das im Bach war. Jede
Nacht schlich er um das Haus des Bauern, denn er hatte Heimweh. Und
da geschah es nach einer Woche, daß der Hof anfing zu brennen.

Der alte Sultan sprang in die Flammen, wollte den Bauern wecken, doch
er kam zu spät, und er verbrannte. Der Bauer und die Bäuerin aber ver-
brannten auch.

Der junge Rize

in Bauer hatte einen Sohn, der war so groß wie ein Haus. Und er wuchs und wuchs und wurde immer größer, so daß die Nachbarn schon mit bösen Zungen darüber schwätzten, den Bauern gar verspotteten. Denn wie konnte das sein? Der Vater selbst maß mit seinem Leib nicht mehr als einsdreiundsechzig! Eine Bauernregel sagt nämlich:

Ist überm Stall der Himmel bleich,
ist der Sohn dem Vater gleich.
Ist es aber dunkel schon,
gleicht dem Vater genau der Sohn.

Was nichts anderes besagen will, als ungefähr genau das: Wie der Vater, so der Sohn.

»Wo soll der Vater ein Riese sein«, lachten die Nachbarn, »er mißt von Kopf bis Fuß doch nicht mehr als unsereiner.«

Den Jungen aber nannten sie »Wasserturm«.

Der Vater war des gar nicht zufrieden, denn als der Sohn acht war und den Traktor lenken sollte, brach schon der Federsitz zusammen, als er sich draufsetzte, und kostete fünfzig Mark in der Reparatur. Und als er zehn war und den Mercedes-Diesel zur Wiese fahren sollte, sprang schon der Lack ab, als er nur auf einen Schritt heran kam. Und als er gar vierzehn geworden war und die automatische Egge und den Mistzerstückler aufs Feld bringen sollte und der Vater ihm befahl, die teuren Geräte nur leicht mit der Hand vorwärtszuschieben, damit ja nichts kaputtging, da wurde das dem Lümmel zu langweilig, und er nahm die beiden Maschinen in die Hand, warf sie stückchenweise vor sich her, wie andere Kinder es mit Kastanien tun. Als er dann auf dem Feld mit nichts anderem ankam als mit zwei Klumpen Schrott, war der Vater böse und schalt ihn.

»Wie soll das nur werden?« dachte der Bauer.

1.

Nicht einmal
im Mercedes
hatte er Platz,
so lang war er.

2.

...etzte sich
...er Lümmel auf
...en Traktor, brach
...ofort die Sprung=
...er, und die Re=
...satur kostete
...0,- M.

Einmal wollte der Bauer hinaus aufs Feld gehen und pflügen. Da sagte der Riese: »Vater, ich will mit hinaus.«

»Du willst mit hinaus?« sagte der Vater. »Bleib du hier! Dort bist du zu nichts nutz. Du könntest mir das ganze Gras zertreten.«

Da fing sein Sohn an zu weinen, und um Ruhe zu haben, hängte der Bauer den Anhänger an, setzte den Jungen darauf und fuhr hinaus auf das Feld.

Draußen auf dem Feld setzte er ihn neben den Acker, und als der Bauer eingenickt war und Fliegen sich auf ihn setzten, um ihn zu kitzeln, schlug der Sohn zu, seines Vaters Schlaf zu schützen.

Aber der Vater war des gar nicht zufrieden, denn es tat ihm weh, und er mußte für zwei Wochen auf das Krankenlager.

3.

Da schlug der Sohn ein bißchen auf die Fliege, und der Vater mußte ins Krankenhaus.

Auch griff sich der riesige Lümmel Vögel und Kraniche aus der Luft, vermeinte er doch, sie seien dem Bauern schädlich.

Doch auch des war der Vater nicht zufrieden, denn gerade die Vögel sind
Freunde des Landmanns, weil sie Ungeziefer und Fliegen verspeisen.

Was der junge Riese auch in die Hand nahm – alles zerbrach in kleine
Stücke: Der Fernseher, als er eine Mücke verfolgte. Das Kofferradio, als er
Radio Bremen suchte. Die Standuhr, als er nachsah, wie spät es wohl sei.
Die Frisierkommode, weil er sich bloß kämmen wollte und deshalb den
Spiegel etwas polierte. Und weil er zu Hause zu überhaupt nichts nutze

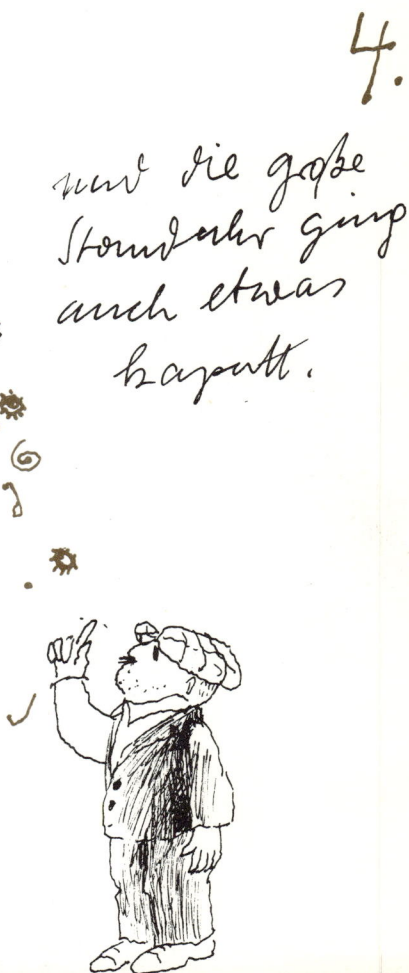

4.

und die große
Standuhr ging
auch etwas
kaputt.

"Wasserturm"
sagten sie zu ihm,
weil er etwas größer
war als die anderen.

war, sprach der Vater an seinem vierzehnten Geburtstag: »Es ist Zeit, daß der Junge in eine Lehre geht. Er soll jetzt etwas werden.«

So sollte er den Beruf des Weichenstellers und Rangiermeisters erlernen, denn nicht weit vom Hof führte eine Eisenbahnlinie vorbei, und eine Anstellung bei der Eisenbahn ist ohne großes Risiko. Auch dachte der Vater, daß der Sohn sich besonders dazu eignete, da er Züge von oben schon früher sehen könnte als ein kleiner Rangierer von unten. Aber nach drei Tagen schickte der Rangiervorsteher den Jungen zurück, denn der Lümmel hatte in dieser kurzen Zeit elf Weichen und zwei neue Schienen verbogen. Bald kam auch die Zeit, wo ihm der erste Flaum unter der Nase wuchs. Nun sagt eine alte Bauernregel:

> Stellt der erste Flaum sich ein,
> soll der Bauer ein Mädel frein.

Der junge Riese aber hatte sein Auge auf die schöne Pia geworfen, ein rundes, dickes Mädel, Tochter des Metzgermeisters Gurski. Sie fand auch Gefallen an dem starken Lümmel. Denn sie liebte starke Arme und Beine, die später im Laden auch mal hart zupacken können und einspringen, wenn der Geselle ausfällt. Und so hatten sie sich von Herzen gern.

Doch der Vater des jungen Riesen war des nicht zufrieden, denn er konnte den Gurski nicht leiden. Sie hatten einmal wegen einer Kuh Streit gehabt, und so verbot der Bauer seinem Sohn den Umgang mit seiner Liebsten. Ab sofort. Da fing der Junge bitterlich an zu weinen.

Als der Bauer wieder einmal aufs Feld fuhr, sprach der junge Riese: »Vater, ich will mit aufs Feld.«

»Du willst mit aufs Feld?« sagte der Bauer. »Bleib du hier! Du bist zu nichts nutz. Auch zertrittst du mir das schöne Gras.«

Da weinte sein Sohn noch mehr, und um Ruhe zu haben, hängte der Bauer den Anhänger an, setzte den Jungen darauf, und sie fuhren auf das Feld. Als der Bauer sich ausruhte und schlief, kam über die erste Ackerfurche eine Maus gegangen, und weil der junge Riese gar sehr darum bat und bei seinem Vater nicht mehr bleiben wollte, nahm sie ihn in die Mauselehre.

Sie gab ihm bei sich Mausemilch zu trinken, die machte ihn ganz klein. Als er so klein war wie ein Daumen, konnte er wie eine Maus mausen, machte nichts mehr kaputt, was er in die Hand nahm, stand niemandem im Wege. Da wollte er nützlich sein und ging zurück zu seinem Vater. Aber was er dort auch tat, der Vater war des nicht zufrieden. Denn wenn er mit dem Traktor aufs Feld fahren sollte, war er kaum so groß wie eine Schraube. Wenn er den Mercedes lenken sollte, war er kleiner als der Zündschlüssel, er konnte das Lenkrad nicht einmal mit einer Leiter erreichen. Wollte er eine Fliege von seines Vaters Nase jagen, rannte ihn diese sogar über den Haufen.

Da versuchte er sein Glück bei der schönen dicken Pia, die ihn einst sehr liebhatte. Aber auch sie wollte ihn nicht wiedererkennen, sagte, er kitzle sie überall, verlachte ihn und warf ihn hinaus. Fast hätte er sich dabei verletzt.

Zum Glück wohnte in der gleichen Straße der Bäckermeister. Seine Tochter hieß Mia und war gar weich und auch schön dick. Und sie war gerade in Trauer, denn sie hatte einmal einen ganz kleinen Däumling sehr lieb gehabt, dieser aber war vor Jahren bei einem Riesen in die Lehre gegangen und dann fortgegangen und nie wieder zurückgekommen. Und sie gewann den kleinen Riesen sehr lieb; denn nun war er ja auch nicht viel größer als ein Daumen. Sie nahm ihn bei sich auf, reichte dem lustigen Kleinen ihre Hand auf Lebenszeit, und sie lebten glücklich und zufrieden bis an ihr Ende. Zu seinem Vater aber kehrte der kleine Riese nie, nie wieder zurück.

6.

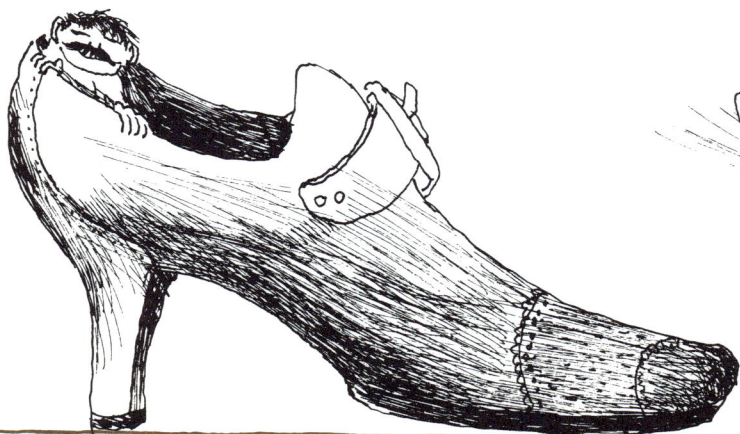

und sie lebten glücklich bis an ihr Ende.

Die Bremer Stadtmusikanten

Ein Esel hatte fünfunddreißig Jahre bei einem Herrn in Bremen gearbeitet, hatte ohne Murren alles getragen, aber nie Lohn bekommen, nur etwas Gras zum Fressen. Und dann war er alt geworden. Bei schweren Lasten knickten ihm jetzt die Knie ein, oder er fiel hin.

Der Herr überlegte sich, ob er ihn schlachten lassen sollte, aber das kostete dreißig Mark, und die wollte er sparen. Also jagte er ihn davon.

Da stand nun der arme alte Esel in seinem verschlissenen Anzug allein in Bremen. Hatte keinen Freund – woher auch? Er hatte immer nur gearbeitet. Hatte keine Verwandten – denn er war in Neapel, in Italien, geboren, weit weg von Bremen. Hatte nichts zu essen, hatte nichts, wo er schlafen konnte.

Da ging er auf den Bahnhof, wo die Italiener, die Gastarbeiter, immer stehen, weil sie Heimweh haben.

»Italiener sind Italiener, und ich bin auch Italiener«, dachte der Esel. »Dort bin ich nicht so allein.«

Aber die Menschen hackten, boxten und prügelten ihn nur, jagten ihn weg vom Bahnhof.

Da ging der Esel in eine Grünanlage und wollte etwas schlafen. Doch auch hier verjagte ihn einer, denn das Herumliegen in Anlagen war nicht einmal den Menschen erlaubt. Nirgends konnte er sich hinlegen, an keine Mauer den Kopf lehnen. Er mußte die ganze Nacht gehen, stehenbleiben, wieder gehen, dann wurde es Tag.

Der Esel ging zum Arbeitsamt, fragte dort nach einer Arbeit, egal was, ohne Lohn, nur gegen etwas Gras zum Fressen und Stroh zum Liegen.

»Ausländer!« sagte der Beamte. »Ja, ja. Aber das geht nicht. Keine Genehmigung, keine Arbeitsüberweisung, keinen festen Wohnsitz und außerdem zu alt. Verstehen Sie, für Ihr Alter liegen keine Anfragen vor, tut mir leid, ehrlich!«

Es tat ihm gar nicht leid. Das war nur so dahergequasselt. Die Leute reden Sätze, ohne zu überlegen, was diese bedeuten.

Draußen auf der Straße traf der Esel einen Hund, struppig und ohne Lust zu leben.

»Kamerad, wie siehst du aus«, sagte der Esel, »läßt den Schwanz und die Ohren hängen, machst einen krummen Buckel, hast kein Halsband, trägst keine Hundemarke. Paß auf, wenn sie dich erwischen, schlagen sie dich tot.«

»Das wäre mir genau recht«, sagte der Hund, »denn ich will nicht mehr leben. Ich habe zwanzig Hundejahre beim Bauern Achtermann gewohnt, wir waren gut befreundet. Jetzt ist er tot. Da bin ich abgehaun. Will nicht mehr leben.«

»Aber ich habe doch Hunde gesehen«, sagte der Esel, »die trugen Pelzmäntel, Lodenmäntel und Kleider, damit sie nicht frieren. Die durften in der Straßenbahn einen eigenen Platz besetzen. Die rochen nach französischem Parfüm, waren frisiert wie Filmschauspielerinnen. Kamerad, das kannst du doch auch haben.«

»Ach, das sind keine Hunde, das sind Viecherln, Laternenpinscher, Sofakissenbesudler, Pudel, da würde es mich grausen vor so was als richtiger Hund. Und ohne meinen Freund Achtermann will ich nicht mehr leben.«

»Ach was, Kamerad, komm mit, sind wir zwei, sind wir mehr als einer.«

Dann trafen sie eine Katze. Ungewaschen, ungekämmt, sah sie aus wie ein dreißigjähriger Handfeger nach dem Regen.

»Dir geht's aber auch nicht gut, Kameradin«, sagte der Esel. »Wenn sie dich hier erwischen, ungewaschen, ungekämmt, schlagen sie dich tot.«

»Das stimmt«, sagte die Katze. »Unsereinen schlagen sie andauernd tot. Mir haben sie sechs kleine Katzen ersäuft. Am schlimmsten sind die Kinder der Menschen! Eine Freundin von mir haben sie zu Tode gequält, haben ihr Blechbüchsen an den Schwanz gebunden und sie zu Tode gehetzt. Das war schlimm, Kameraden, das war so schlimm! Sie hat aus dem Mund geblutet.«

Der Esel nahm sie auf die Schulter und trug sie ein Stück.

Als sie an den Stadtrand kamen, trafen sie einen Hahn, der war schon halb gerupft und sehr geschunden.

»Sie wollten mich schlachten«, sagte der Hahn. »Mir wäre es schon recht gewesen, denn auf der Welt ist es sowieso nicht mehr schön. Es gibt kaum noch freie Hennen. Sie werden in Hühnerhäuser eingesperrt, vierzehntausend zusammen, jede für sich in einer kleinen Kiste. Keine kommt dort bei Lebzeiten wieder heraus. Und niemals dürfen sie die Sonne sehen, kriegen zweimal am Tag dreißig Gramm künstliches Futter, und sobald eine Henne siebenhundertfünfzig Gramm wiegt, wird sie elektrisch geschlachtet. Nie in ihrem Leben lernen sie einen Hahn kennen! Geschlachtet, eingefroren, für drei Mark fünfzig im Supermarkt verkauft, gegrillt und geges-

sen. Da lob' ich mir doch den freien Tod im Kampf
mit dem Fuchs. Die Welt ist eine Hölle geworden.«
»Komm, setz dich auf mich«, sagte der Esel.
»Ich trag' dich ein Stück. Zu viert sind wir
mehr als drei.«
Sie hatten so einen Hunger. Und in den Nächten war es so kalt. Aber wo sie auch hinkamen
und etwas Futter suchten, wurden sie wegge-
jagt, und man warf mit Knüppeln hinter
ihnen her.
Höchstens den Hahn versuchten die Leute
mit Körnern anzulocken – weil sie ihn
verspeisen wollten.
Eine gute Frau sagte, sie sollten doch
ins Tierasyl gehen. Sie habe vorige
Woche fünf Mark für den Tierschutz-
verein gespendet.
Im Tierasyl waren die Leute freundlich,
aber ein Mann sagte: »Wir lieben Tiere
sehr, aber wir haben kein Personal,
das die Tiere füttert und betreut.«
Ein Vogel, der entwischt war, erzählte, daß seine Kameraden dort mit
Chloroform eingeschläfert wurden, weil
keiner Zeit hatte, sie zu füttern.
Eingeschläfert ist auch ein Lügen-
wort, denn eingeschläfert heißt –
getötet.
Die vier gingen weiter,
und als sie nicht mehr
konnten vor Hunger und

Kälte, gingen sie in einen Hof. Legten sich, so gut es ging, zusammen. Der Hahn wärmte die Katze, die Katze wärmte den Hund, der Hund wärmte den Esel, und weil es ihre letzte Stunde war, fingen sie leise an zu heulen – vor Hunger, Durst und Kälte.

In dem Haus aber, zu dem der Hof gehörte, war das Büro einer Schallplattenfirma: ein Tonstudio, die technische Abteilung, die Aufnahmeleitung und die Werbung oben im dritten Stock.

Kaum hörte Herr Jansen, Arrangeur in der zweiten Abteilung, das leise Wimmern und Miauen und das Hundeheulen, da hob er die rechte Hand vor den Schnurrbart und bekam Falten auf der Stirn.

»Swoboda, kommen Sie mal her! Leise, Mensch! Merken Se wat? Ne? Mann, haben Sie keine Ohren?! Das wird *der* Hit. Sie, ich werd' verrückt! Das wird ein Heuler, eine Rakete, Sputnik Nummer eins, Mann! Hörn Sie mal hin, Swoboda! Stellen Sie sich vor: den Hahn mit dreifachem Verstärker ganz nach vorn, die Katze im Stereo von links und den Esel... Rufen Sie sofort den Hanselmann an, und er soll an Saft[1] mitbringen, was er hat. Sie, das wird eine Kanone. Mensch! Das war noch nie da! Das schmeißen wir als neue Gruppe auf den Markt. Und der Klüterbaum soll leise 'runtergehen und die Tür gut verrammeln, damit die Viecher nicht stiften gehn.«

»Hallo, Jansen, der Schmidt-Dinkelsbühl ist an der Strippe, wegen Udo Jürgens!«

»Soll mich mal! Sagen Sie, ich bin in einer Besprechung. Rufen Sie oben die Werbung an, geben Sie mir den Linke! – Ist da? Sie, Linke, schaun Sie mal auf Grund! Nein, in den Hof natürlich. Na, was sagen Sie jetzt? Also, passen Sie auf! Wir nehmen das mit allen Konserven auf, die an Bord sind, und morgen legt der Zacharias eine zarte Geige unter das Gejaule. Sie, das wird ein Brummer, wie die ganze Bande ihn seit Jahren nicht mehr gebracht hat. Ja, ja, kommt als neue Gruppe 'raus! Duftes Cover[2] mit ein paar Gammlern halbnackt vorne druff, und das Ganze als ›indisch‹, oder wie der Käse heißt! Was meinen Sie? – Nein. Wir müssen in die Werbung hundertzwanzig bis hundertfünfzig Mille[3] fummeln. Sie wissen doch, von nichts kommt nichts. Sie machen dat schon! Kalkulieren Sie die Sache mal durch und geben Sie mir die Zahlen 'runter, aber sofort. Ende.«

In den nächsten zwanzig Minuten kamen Tonmeister, Assistenten, Elektriker und Kofferträger. Sie schleppten Verstärker, Koffer, Mikrophone, schlossen den Hahn an den dreifachen Verstärker, hielten dem Esel, der Katze und dem Hund große Mikrophone vor die Köpfe. Tonmeister drehten an Meßinstrumenten.

Als Fräulein Bertram den Esel mit einem Rest von einem Apfel füttern wollte und sagte: »Er ist doch so putzig«, zischte Herr Jansen sie an: »Wollen Sie das vielleicht unterlassen, Fräulein Bertram! Wenn die Viecher satt sind, hörn sie auf zu heulen. Das kost' mich drei Millionen, Sie!«

1 Strom
2 schöne Schallplattenhülle
3 eine Mille = eintausend

»Verflucht noch mal, seid doch leiser, macht mir die Tiere nicht scheu, ihr Idioten!«

»Bring mal einer etwas Wasser, damit sie nicht so schnell aussteigen[4], vielleicht langt das für drei LP's[5]. Ein leises Harmonium, von hinten unterlegt, stell' ich mir auch Klasse vor.«

»Das wird eine Kiste, Genossen, dagegen sind die Shadows[6] Bienendreck.«

»Herr Jansen, Linke ist an der Strippe!«

»Ja! Jansen! Was sagen Sie? Einen Namen? Na, dann nehmen wir was ganz Duftes! ›Bremer Stadtmusikanten‹. Was, verschimmelter Käse? Na, Sie, da gucken Sie sich mal um, Mann! – Na, meinetwegen das Ganze in Englisch: ›Bremer townfidlers‹[7]. Ja, nicht schlecht. Da lassen wir doch ›Bremer‹ gleich weg! Sie, Linke, das find' ich ganz brummig, townfidlers! Ja, genau das! – Junge, Junge. Ich bestelle sofort den Zacharias, in drei Stunden haben wir die ersten Proben, und dann legen Sie sich sofort in die Riemen! Ende.«

Um neun hatten sie die Musik für etwa drei Langspielplatten, da starb der Esel. Dann der Hund.

»Bringen Sie den Hahn schnell dem Hausmeister, er soll sich den in die Pfanne kippen, eh er krepiert!«

Zuletzt starb die Katze.

Drei Langspielplatten haben sie daraus gemacht, zweimal mit dem Zacharias und seiner zarten Geige unterlegt, einmal mit Harmonium – die Zeitungen waren voll von den »townfidlers« aus Bremen. Ein Jahr danach nahm Herr Jansen zwei goldene Schallplatten in Empfang, und abends sah man ihn um 20 Uhr 15 im Fernsehen.

4 sterben
5 Langspielplatten
6 Musikgruppe
7 Bremer Stadtgeiger

Der Fundevogel

ine Frau war im Wald eingeschlafen, da kam ein Bussard von oben und raubte ihr Kind. Er nahm es mit in sein Nest und zog es auf wie seine eigenen Kinder. Er lehrte es fliegen wie ein Bussard. Er lehrte es sehen wie ein Bussard und lehrte es, ein König zu sein wie ein Bussard. Und bald war's so, daß der Junge auch aussah wie ein Bussard.

Freilich konnte er nicht ganz so gut fliegen wie sein Vater. Konnte auch nicht ganz so gut sehen wie sein Vater, und so geschah es einmal, daß ein Förster, der im Wald auf der Jagd war, ihn fing. Er nahm ihn mit nach Haus, und weil er aussah wie ein Vogel und der Förster ihn ja gefunden hatte, nannte er ihn den »Fundevogel«.

Der Förster aber hatte eine Tochter. Die beiden wuchsen zusammen auf, wurden zusammen größer, und bald konnte einer ohne den anderen nicht mehr leben. Das Mädchen teilte sein Essen mit dem Fundevogel und lehrte ihn sprechen: »Verläßt du mich nicht, verlaß ich dich auch nicht.«

»Verläßt du mich nicht, verlaß ich dich auch nicht«, sagte der Fundevogel.

Nun zeigte es sich bald, daß der Fundevogel unter den Federn ein schöner Junge war. Aber weil die Mutter des Mädchens es nicht wissen durfte, sprachen sie nur miteinander, wenn niemand es hörte.

»Verläßt du mich nicht, verlaß ich dich auch nicht.«

»Verläßt du mich nicht, verlaß ich dich auch nicht.«

Die Mutter des Mädchens konnte den Fundevogel nämlich nicht leiden. Jeden Tag gab sie ihm etwas weniger zu fressen und schimpfte, wenn sie sah, daß ihre Tochter ihr Essen mit dem Vogel teilte. Und wenn es niemand sah, haute die Mutter dem Fundevogel eins von hinten an den Kopf. Darüber ärgerte sich der Fundevogel, und heimlich, wenn niemand es sah, lehrte er das schöne Mädchen fliegen. Freilich lernte sie es nie so gut, wie

156

ihr Fundevogel es konnte, aber von Tag zu Tag ging's etwas besser. Es verging die Zeit. Das Mädchen wurde immer schöner, und der Fundevogel wurde immer stärker.

»Verläßt du mich nicht, verlaß ich dich auch nicht«, sagte das Mädchen. Und der Fundevogel sagte: »Verläßt du mich nicht, verlaß ich dich auch nicht.«

Und dann, eines Tages, in aller Frühe flogen der Fundevogel und das Mädchen davon, bauten sich ein Nest auf einem hohen Baum und lebten dort glücklich wie im Paradies.

Prinzessin Mäusehaut

Es war einmal ein reicher Mann, dem gehörte fast alles, was man sehen konnte, wenn man sich vor sein kleines Schloß stellte, das auf einem Berg stand. Er hatte auch drei Töchter, die mochte er sehr gern. Als er einmal wissen wollte, ob sie ihn auch sehr gern mochten, fragte er sie, *wie* gern sie ihn wohl mögen.

Die erste Tochter sagte: »Ach, ich mag dich so gern wie meinen Pudel. Und so gern wie mein Modellkleid aus Frankreich und so gern wie meinen ganzen, ganzen Schmuck, den du mir gekauft hast. So gern mag ich dich.«

Das war schon sehr viel, denn ihren Pudel mochte sie sehr, sehr gern, und ihr neues Modellkleid mochte sie sehr, sehr gern und erst recht den ganzen Schmuck; er war nämlich sehr teuer gewesen.

Dann fragte der Vater die zweite Tochter.

»Ich mag dich so gern wie den Schmucker-Hansl«, antwortete sie.

Der Schmucker-Hansl war der schönste Junge im ganzen Tal und der beste Skiläufer. Sein Vater hatte die größten Häuser, und die zweite Tochter hatte ihn wirklich sehr, sehr gern.

»Ich mag dich auch so gern wie das Fliegen«, sagte sie noch.

Das war schon sehr, sehr viel; denn fliegen mochte sie für ihr Leben gern. Der Schmucker-Hansl hatte nämlich ein Flugzeug, mit dem durfte sie manchmal fliegen.

Da war der Vater sehr zufrieden.

Als er seine dritte Tochter, die er gerne »die Prinzessin« nannte, weil sie so kleine Füße hatte, Schuhgröße 36, als er die dritte Tochter also fragte, wie gern sie ihn mag, sagte sie: »Ich mag dich so gern wie Salz.«

Sie meinte aber damit, daß sie ohne Salz nichts essen mochte, daß sie Salz immer brauchte, daß sie ohne Salz nicht leben könnte. Aber das wußte der Vater nicht, und er ärgerte sich darüber. Ja, er war kolossal beleidigt.

Bei der nächsten Gelegenheit meldete er sie in einem Mädchenpensionat an, damit er sie nicht mehr sehen mußte. Nur der Schofför fuhr manchmal hin, um ein paar Kleidungsstücke hinzubringen.

An ihrem neunzehnten Geburtstag wünschte sie sich einen Pelzmantel aus Mäusefell, das ließ sie durch den Schofför sagen. So ein Pelzmantel ist aber gewaltig teuer, man muß sich einmal überlegen, wie viele hundert Mäuse erst mal gefangen, dann abgezogen werden müssen. Und dann müssen die vielen Felle gegerbt und zusammengenäht werden. Dann werden die Maße abgenommen, dann muß der Mantel gefüttert werden – kurzum, viel Arbeit! So viel Geld aber mochte der Vater für seine dritte Tochter nicht springen lassen. Also kaufte die Mutter ihr den Mäusepelz.

Als nun ein reicher Baron sie im Park in diesem Mäusepelz sah, wußte er sofort: Wer einen solchen Pelz hat, der muß wohl sehr reich sein. Und er heiratete sie. Als dann die Hochzeit war und ein Fest in Saus und Braus gefeiert wurde, mit Champagner und Kaviar, mit Rebhuhn in Speck gewickelt und hundertzwanzig Torten, ließ Prinzessin Mäusehaut auch ihren Vater einladen. Prominente Gäste kamen, Filmschauspieler und Grafen, sechs Konsule und zwei berühmte Sportler.

Ihr Vater aber erkannte sie nicht, denn sie hatte sich die Haare lang wachsen lassen und nach vorne gekämmt. Sie trug kurze Minikleider, was der Vater ihr zu Hause immer verboten hatte. Sie trug hohe Absätze und wirkte damit ein ganzes Stückchen größer.

Als dann das Festessen stattfand, ließ sie ihrem Vater alles ohne Salz servieren: Spanferkel vom Grill ohne Salz, Forelle in Aspik ohne Salz, Pasteten ohne Salz, kurzum, alles ohne Salz.

Erst verlangte der Vater von den Dienern etwas Salz, aber sie sagten: »Gibt kein Salz.«

Dann beschwerte er sich, daß alles ungenießbar sei, ohne Salz. »Ohne Salz schmeckt mir nichts«, sagte er. »Ich bin doch kein Kannibale! Also, dann gehe ich lieber nach Hause oder ins Wirtshaus essen.«

Jetzt gab sich ihm seine Tochter zu erkennen und sagte: »Siehst du, ohne Salz kann man nicht leben. So gern mag ich dich, und ohne dich kann ich nicht leben.«

Da küßte der Vater seine Tochter und wußte, daß sie ihn sehr, sehr gern mochte, am meisten von allen seinen Töchtern. Er bat sie um Verzeihung und vererbte ihr alles, alles, was er besaß. So hatte sich der Baron doch nicht getäuscht, denn wer einen Mäusepelz trägt, der muß wohl wirklich sehr reich sein.

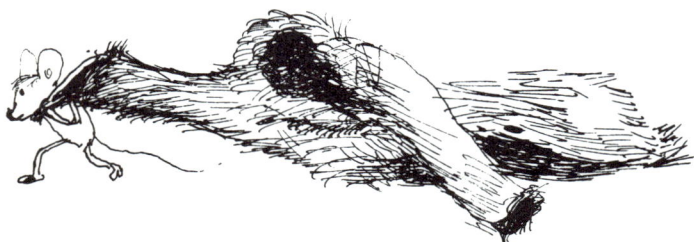

Blaubart

s war einmal ein junger König, der hatte einen blauen Bart. Weil es an der Zeit war und seine Mutter auch sagte: »Du mußt dir eine Frau zur Gemahlin suchen, das Reich braucht eine Königin«, da hielt der König Blaubart also um die Hand der schönsten Prinzessin an, die er finden konnte.

Es war die schöne Camilla. Sie aber sagte: »Waaas? Einen Blaubart zum Mann? Da nähme ich lieber einen gewöhnlichen Junker, nur einen schwarzen Bart müßt' er haben.«

Da hielt der König um die Hand der zweitschönsten Prinzessin an, die er finden konnte.

Das war die schöne Pamela. Aber auch sie sagte: »Waaas? Einen Blaubart zum Mann? Da nähm' ich lieber einen gewöhnlichen Junker, nur einen blonden Bart müßt' er haben.«

Der junge König hielt nun um die Hand der dritt- und der viert- und der fünftschönsten an. Aber alle lachten ihn aus.

Da verkleidete sich der junge König Blaubart in einen Junker, zog sich einen schönen Anzug an, gewichste Stiefel, ein schönes Hemd und obenrein ein buntes Halstuch und sagte zu seiner Mutter: »Ich will über Land fahren und mir eine Frau suchen, Mutter. Und wenn's nur eine einfache Edelfrau wäre — wenn sie mich nur nähme, ich würde sie auch nehmen.«

Zuerst kam er auf eine Hochzeit und traf eine schöne, schwarze Jungfrau. Sie gefiel ihm gut, und er fragte: »Willst du meine Frau werden? Ich bin ein reicher und wohlhabender Edelmann und Gutsbesitzer.«

Sie aber lachte ihn nur aus und sagte: »Waaas? Einen Blaubart? Lieber nähme ich einen gewöhnlichen Kaufmann zum Gemahl, nur müßte er einen blonden Bart haben.«

Da zog König Blaubart weiter und kam auf ein Tanzvergnügen. Dort traf er eine schöne Rothaarige, die gefiel ihm gut, und er fragte sie: »Willst du meine Frau werden? Ich bin ein wohlhabender Edelmann und Gutsbesitzer, morgen könnte die Hochzeit sein.«

Sie aber lachte ihn nur aus und sagte: »Waaas? Einen Blaubart zum Mann? Da nähm' ich lieber einen gewöhnlichen Kaufmann, nur einen schwarzen Bart müßte er haben.«

Da ging König Blaubart weiter und kam in eine kleine Stadt, kam auch in ein kleines Dorf, kam überall hin, und überall traf er schöne Jungfrauen, die er gern genommen hätte, aber alle sagten ihm das gleiche.

Da ging der junge König Blaubart zurück in sein Schloß und verkleidete sich als einfacher Kaufmann. Dann sagte er zu seiner Mutter: »Ich will wieder über Land fahren und mir eine Frau suchen, Mutter. Und sollte es nur eine einfache Bürgerstochter sein, wenn sie mich nur nähme, ich würde sie auch nehmen.«

Und er traf zuerst die Tochter eines Bäckermeisters. Sie gefiel ihm nicht schlecht, denn sie war nicht zu dick, eher etwas zu dünn, und auch nicht zu groß.

Er fragte sie: »Willst du meine Frau werden? Ich bin ein Kaufmann, und mir geht es nicht schlecht.«

»Waaas? Einen Blaubart zum Mann?« lachte sie. »Da nähme ich ja lieber einen einfachen Bettler, nur einen schwarzen Bart müßte er haben.«

Und Blaubart ging weiter. Dann traf er die Tochter eines Krämers. Und dann die eines Schusters, auch noch die eines Fischers, aber alle lachten über ihn. Lieber würden sie einen Bettler nehmen als einen Blaubart.

Viel Zeit verging darüber.

Der König Blaubart ging zurück nach Haus und sagte zu seiner Mutter: »Ach, würde mich nur eine nehmen, ich würde sie auch nehmen und obendrein hoch belohnen, Mutter.«

Dann verkleidete er sich als Bettler und fuhr abermals über Land. Dort traf er nach langer Zeit an einem Bach ein Bettelmädchen, die wusch sich dort die Füße. Sie gefiel ihm gar nicht. Sie war etwas zu dick und auch etwas zu dünn. Sie war etwas zu groß und auch etwas zu klein. Und sie war auch etwas zu alt und auch etwas zu jung.

Als er sie fragte: »Willst du meine Frau werden? Ich bin bloß ein einfacher Bettler, und ich kann dir nichts geben«, da sagte sie: »Ja.« Denn sein Bart war inzwischen weiß geworden. Das aber wußte der König nicht, er war schon lange unterwegs.

Er nahm das Bettelmädchen mit, und sie zogen in eine Bettelhütte ein. Dort war nichts als eine Pritsche zum Schlafen und Lumpen, mit denen sie sich zudecken konnten.

Der König nämlich wollte das Mädchen erst prüfen. Jeden Tag ging er weg und sagte: »Ich gehe betteln, Frau. Hier sind die Schlüssel von der Hütte. Damit darfst du alles aufschließen, nur die große Truhe hinten, die darfst du nicht öffnen. Sonst bist du verloren.«

Kaum aber war der König aus der Hütte ’raus, schloß sie die große Truhe auf und sah dort Gold und Edelsteine in Hülle und Fülle. Aber sie war nicht dumm und wußte, daß ihr Mann sie nur auf die Probe stellen wollte. So rührte sie nichts an, damit sie keine Spuren hinterließ und schloß die Truhe wieder ab.

Sie aß das bescheidene Mahl, das ihr Mann zusammengebettelt hatte, und fragte nichts, war immer, immer zufrieden.

Als aber sieben Tage um waren, gab sich der König zu erkennen und zog mit ihr auf sein Schloß. Dort wurde das Bettelmädchen Königin, und da der König inzwischen schon alt geworden war und nicht mehr lange lebte, konnte sie sich nach seinem Tode einen Mann mit rotem Bart suchen, und sie lebten noch lange, lange, und ihnen gehörte das ganze Reich.

König Drosselbart

s war einmal ein reicher Mann, der hatte eine schöne Tochter. Weil sie aber alles in Hülle und Fülle besaß und der Vater ihr auch noch alles kaufte, was sie haben wollte, gab es nichts mehr, was sie sich wünschte, erst recht nichts, worüber sie sich freute. Und deswegen wurde sie übermütig. Dann wurde sie aufsässig und eigensinnig und meckerte an allem herum. Weil ihr Vater aber so reich war und sie obendrein so schön und sie eines Tages alles erben sollte, kamen viele Männer, die sie heiraten wollten.

Einmal kam ein ganz langer Baron mit einem dünnen Hals, besaß aber acht Schlösser und wer-weiß-noch-was.

Da spottete das Mädchen: »Was der für lange Beine hat und was für einen dünnen Hals! Der könnte im Zirkus auftreten als Eiffelturm mit Hut, der husten kann, hahaha.«

Dann brachte ihr der Vater einen älteren, etwas dicken Bräutigam, der fünf Wurstfabriken besaß, vier Millionen wert das Ganze!

»Junge, Junge«, lachte ihn das Mädchen aus. »Da muß er wohl ein Auto mit Fernlenkung haben, besser noch einen Omnibus, wo er hinten auf dem letzten Platz sitzt, damit er seinen Schmerbauch vor das Lenkrad bringen kann, hahaha. Und wenn ich mich vor seinen Bauch stelle, brauche ich wohl ein Fernglas, wenn ich seine Glatze sehen will.«

Jeden, der um ihre Hand anhielt, verhöhnte sie, lachte ihn aus, machte sich lustig über ihn und gab ihm einen Spitznamen.

»Alle Männer auf der ganzen Welt wollen mich heiraten«, sagte das Mädchen. »Ich kann jeden bekommen, den ich haben will, das hängt mir zum Hals heraus und ist mir langweilig.«

Aber einer kam immer wieder und schickte ihr jeden Tag rote Blumen, manchmal mehr als vierzig in einem Strauß, den nannte sie »König Drosselbart«, denn sein Kinn war etwas zu lang.

Von der Seite sah er aus wie eine Drossel, von vorne sah er aus wie eine Drossel und von hinten auch.

Drosselbart aber war sehr, sehr reich, und der Vater des Mädchens ärgerte sich, daß seine Tochter den Mann nicht heiraten wollte. Er hatte nämlich schon seinen und Drosselbarts Reichtum zusammengerechnet.

»Ich pfeife auf euren Reichtum«, sagte die Tochter. »Du kannst ihn dir an den Hut stecken, du kannst ihn dir an die Schuhe schmieren! Mir hängt alles zum Hals 'raus. Ich heirate einen Bettler, jawohl!«

Und sie packte einen leichten Koffer voll mit bunten Kleidern und lief von zu Hause weg. Sie fuhr in die Stadt, dort traf sie viele junge Burschen, die bettelten. Und sie ging zusammen mit einem, der kämmte sich nicht, der ließ sich die Haare nicht schneiden, und sein Bart war dreißig Zentimeter lang. Er hatte bunte Kleider an und trug keine Schuhe.

»Wo wohnen wir?« fragte das Mädchen.

»Überall«, sagte der junge Bursche. »In allen Häusern, die leer sind, denn alles gehört allen.«

Also schliefen sie in alten Häusern, die abgerissen werden sollten. Aber die Polizei verjagte sie; denn diese Häuser gehörten dem Drosselbart.

Dann schliefen sie in neuen Häusern, wo noch niemand drin wohnte, weil die Wände noch nicht gestrichen waren. Aber die Polizei verjagte sie; denn die neuen Häuser gehörten auch dem Drosselbart.

»Dann schlafen wir in der Natur«, sagte der Bursche, und sie legten sich unter die Bäume, die dort am Stadtrand standen. Aber die Polizei verjagte sie; denn die Bäume und das Land gehörten dem Drosselbart.

Wenn es kalt war und das Mädchen manchmal fror, sang sie leise:

> »Ach, die Kälte ist kalt und die Erde hart,
> aber das ist immer noch besser als Drosselbart.«

Sie fragte den jungen Burschen: »Was essen wir?«

»Kannst du etwas arbeiten?« fragte er.

»Nein.« Sie konnte nichts arbeiten.

»Dann gehen wir betteln.«

Sie gingen betteln, aber manchmal hatten sie mehr Hunger, als sie erbettelten, und sie sang:

> »Ach, die Kälte ist kalt und die Erde hart,
> aber das ist immer noch besser als Drosselbart.«

Dann kam der Winter, und sie wollten nach Spanien. Sie stellten sich an die Straße und fuhren mit den Autos, die sie mitnahmen. In Spanien sahen sie schöne Häuser, kleine und große. Sie gehörten dem Drosselbart.

Die bunten Kleider des Mädchens waren zerrissen, und sie konnte sich keine neuen kaufen. Auch gaben ihnen die Leute dort nichts, wenn sie bettelten.

Da hörte die Liebe auf, und das Mädchen fuhr zurück zu ihrem Vater.

Als der Drosselbart einmal ein großes Fest veranstaltete und auch das Mädchen eingeladen war, da sah sie dort den Sohn des Drosselbart und erkannte in ihm den jungen Burschen, mit dem sie betteln gegangen war. Er hatte sich inzwischen die Haare schneiden lassen und den Bart abrasiert und glich seinem Vater wie ein Ei dem anderen, nur war er noch häßlicher als sein Vater. Auch er war nämlich von zu Hause weggelaufen, denn er wollte in Armut und Freiheit leben, wollte hungern und frieren, denn der Reichtum des Vaters hing ihm damals zum Hals heraus. Aber als es dann kalt wurde, und er Hunger bekam, ging auch er zurück zu seinem Vater und lebte dort wieder bequem und in Saus und Braus. Als nun die beiden Väter sahen, daß ihre Kinder sich schon so gut kannten, waren sie sehr froh darüber – da konnte die Hochzeit stattfinden. Und die beiden erbten alles von ihren Vätern und wurden zusammen sehr, sehr reich.

Hans mein Igel

Es war einmal ein Bauer, der hatte mit seiner Frau keine Kinder. Die anderen Bauern in der Kirche und in der Wirtschaft spotteten über ihn. Und eines Tages sagte er zu seiner Frau: »Ach, bekämest du nur ein Kind, und wär's ein Igel!« Und

als dann die Frau ein Kind bekam, sah es aus wie ein Igel. Als es aber getauft werden sollte, sprach der Pfarrer: »Igel dürfen

nicht getauft werden.« Und so nannten sie's: Hans mein Igel.
»Im Bett könnte es meine Bettwäsche zerreißen«, sagte die
Bäuerin. So legten sie's in einen Futterkasten neben dem Ofen.
Jahr um Jahr verging. Als der Bauer einmal in die Stadt fuhr
und jeden fragte, was er ihm mitbringen solle, sagte die Bäuerin:
»Mir bring' eine gute Salbe für die Füße und eine Fernseh-
lampe für fünfundvierzig Mark.« Die Magd sagte: »Mir ein
paar Strumpfhosen, Größe 48.« Hans mein Igel aber wollte
eine Mundharmonika mit E-moll-Stimmung. Der Bauer brachte jedem das Seine mit, und Hans mein Igel lernte so schön
Mundharmonika spielen, daß er das Radio begleiten konnte,
und der Knecht tanzte dazu mit der Magd.

Und als der Bauer wieder einmal in die Stadt fuhr, wollte Hans
mein Igel eine Sonnenbrille. Eines Tages wünschte er sich ein
Motorrad. »250 Kubik und vier Gänge«, sagte er. »Dann
will ich davonbrausen und nie, nie wiederkommen.« Da war
der Bauer froh, daß er ihn loswerden sollte, kaufte ihm eine
fast neue Maschine mit allem drum und dran. Hans mein Igel
nahm seine Mundharmonika, setzte seine Sonnenbrille auf,
stieg in den Sattel, haute leicht den ersten Gang 'rein, und
brauste im vierten davon. Der Bauer hatte ihm noch etwas
Geld für den Lebensunterhalt mitgegeben, das reichte auch
noch für zwei Rückspiegel. Hans mein Igel fuhr in die große
Stadt.

Er fand dort bald Kameraden. Spielte oft Mundharmonika auf der Straße, neben ihm glitzerte seine verchromte 250ziger Maschine, und eines Tages hörte ein Jungfilmregisseur ihn spielen. Und Hans mein Igel wurde engagiert, spielte für fünfzig Mark die Begleitmusik in einem Kurzfilm.

Auf einmal geschah es, daß jeder auf der Straße dieses Lied pfiff, das Hans mein Igel gespielt hatte, daß es zehnmal am Tag im Radio gespielt wurde, daß sie Schallplatten davon machten. Als Hans mein Igel im dritten Film spielen sollte, verlangte er: »Das Zehnfache an Honorar! Und meine Maschine muß gefilmt werden.«

Und Hans mein Igel bekam die vierte Hauptrolle in dem Film, brummte mit seiner Kiste über die Breitwand, summte über die Steppe, und die Sonne schien heiß. Abends spielte er auf der Mundharmonika einsame Steppenlieder, die klangen so schön, daß die Mädchen im Kino weinten.

Hans mein Igel war der Superstar.

Hans mein Igel hieß nicht mehr Hans mein Igel, er hieß Jack Eagle*. Er spielte einen Film nach dem anderen, surrte über das Land, leise wie der Wind, und in den Kurven stellte er das Bein 'raus.

*sprich: Jäck Igl, englisch: Adler

Jeder wollte aussehen wie er.

Jeder trug die Jeans wie er.

Alle Mädchen träumten von ihm

und er heiratete die Schönste.

Auf einmal wollte jeder wie Jack Eagle aussehen. Jeder trug Jeans wie Jack Eagle, an der Seite geschlitzt.

Alle, alle Mädchen wollten einen Jungen wie Jack Eagle kennenlernen.

Und Jack Eagle heiratete die Schönste von allen.

Und als er sich seinem Vater zu erkennen gab, war dieser sehr glücklich. Die anderen Bauern in der Kirche und in der Wirtschaft lobten den Vater, und viele von ihnen ließen sich auch die Haare schneiden wie Hans mein Igel aus ihrem Dorf.

Kegel- und Kartenspiel

s war einmal ein König, der hatte eine Tochter, die war sehr, sehr schön. Deswegen paßte dem König auch keiner so recht, der um ihre Hand anhielt und sie heiraten wollte. Einer war ihm zu dick, der andere zu dünn. Jedem stellte er komplizierte Fragen, und konnte sie der Mensch nicht beantworten, kam er nicht in Frage. Schon über hundert hatten um die Hand seiner Tochter angehalten, aber alle hatte er weggeschickt: Barone, Grafen, ausländische Prinzen und einen tschechischen Fürsten.

»Man muß bedenken«, sagte der König, »daß meine Tochter erstens sehr schön ist. Zweitens bekommt sie ein ganzes Königreich als Mitgift, das ist mehr als nichts. Drittens bin ich überhaupt der Vater und habe hier zu bestimmen. Punktum aus.«

So verging die Zeit. Der König wurde älter und die Tochter auch, sie bekam schon Falten im Gesicht.

Da ließ der König im ganzen Land bekanntgeben: »Wer es drei Nächte in meinem Schloß Geierstein am Hinkelbein aushält, dabei weder zu Tode kommt noch davonläuft, bekommt meine schöne Tochter zur Frau.«

Schloß Geierstein war ein fürchterliches Gespensterschloß, und Hinkelbein hieß der fürchterliche Gespensterberg, auf dem es stand. Im Umkreis von fünf Kilometern konnte man jede Nacht die Geister heulen und mit ihren Knochen klappern hören: »Huiiiihuihui klappklapperradapp huihuihui . . .«

Schlimm!

Punkt zwölf Uhr fing es an, ging ohne Pause bis ein Uhr. Da sich niemand, auch bei Tag nicht, in die Nähe des Schlosses traute, wuchsen dort die Bäume tausend Jahre lang; denn niemand wollte sie abschlagen.

»In jedem Baum haust ein toter Landsknecht«, sagten die Leute. »Und wer ihn absägt, dem trommelt der Landsknecht mit seinen Gebeinen jede

Nacht von zwölf bis eins so lange auf den Schädel, bis er verrückt wird.«
Deswegen wuchs rings um den Hinkelbein Urwald.

Schwarze Geiergeister kamen Punkt zwölf geflogen, größer als Gewitter-
wolken und schwarz wie der Teufel und mit Glutaugen aus grünem Kalt-
feuer. Sie verdeckten mit ihren Flügeln den Mond und die Sterne, und die
Nacht war dann so schwarz, daß man seinen eigenen Leib nicht sehen
konnte. Ehe du dich versahst, schwebten sie über dich hinweg, streiften
dich mit ihren blanken Krallen. Die Narben aber blieben bis zum Tode
und heilten nie, waren bei Nacht während der Geisterstunde schmerzhaft
wie Feuer und leuchteten grün.

Und in dieses furchtbare Geisterschloß mußte sich ein junger Mensch,
wollte er die Tochter des Königs heiraten, einschließen lassen, um zu be-
weisen, daß es ihn vor gar nichts graust. So wollte es der König.

Nun wohnte damals in der Stadt, wo der König seinen Palast hatte, ein
junger Bursche, ein Biertrinker, der an gar nichts anderes dachte als an
Kegeln, Kartenspiel und Pokern. Zum Arbeiten hatte er schon gar keine
Lust. Alles, was er je in die Finger bekam, setzte er sofort im Spiel ein,
so lange, bis er's verlor, falls er's nicht lieber versoff.

Als der junge Bursche von des Königs Angebot hörte, sagte er: »Verlieren
kann ich nichts, denn ich hab' schon alles verloren. Aber gewinnen kann
ich, und zwar ein ganzes Königreich. Das würde mir achthundert Jahre
reichen, um mit den höchsten Einsätzen zu pokern und zu kegeln, also
geh' ich hin und mach's.«

An die Königstochter dachte er dabei überhaupt nicht; denn er hatte nichts
anderes im Kopf als Kegeln und Kartenspiel. Und Biertrinken.

Jedoch durfte er in das Schloß Geierstein am Hinkelbein niemanden mitnehmen. Keinen Kameraden, mit dem er hätte Karten spielen können,
nicht einmal einen Hund. Nur Karten hatte er bei sich und Würfel; die
hatte er immer bei sich, bei Tag und bei Nacht, weil er nichts anderes im
Kopf hatte als Kegeln und Kartenspiel. Und Biertrinken, wie gesagt.

Die Nacht war finster. Im Schloß Geierstein am Hinkelbein gab es kein
elektrisches Licht, nur im Notfall Petroleum und etwas Feuer im Kamin.

Und als es zwölf schlug und der Bursche schon ungeduldig wurde, denn
er hatte bis da mit sich allein würfeln müssen und dabei immer verloren,
war auf einmal ein fürchterliches Gepolter im Kamin, und mit einem Satz
sprang der »Baron ohne Kopf« in den Saal und umkreiste dreimal den
Burschen.

»Bravo, bravo!« rief der Bursche, »endlich ein Kamerad zum Kegeln,
komm her, Thadäus, wir machen ein Spielchen!«

Der Baron hatte vor hundertfünfzig Jahren in der Schlacht seinen Kopf
verloren und nicht wiedergefunden und mußte nun so lange im Schloß

Geierstein am Hinkelbein spuken, bis er eines Menschen Kopf eroberte, der genau auf seinen Hals paßte.

»Das soll wohl sein«, sagte der kopflose Baron. »Aber nur, wenn du deinen Schädel einsetzt, Kamerad.«

»Nicht so«, sagte der Bursche, »nur Kopf gegen Kopf. Du aber hast keinen Kopf.«

Während sie sich noch unterhielten, polterten durch den Kamin Totengebeine, tanzten auf dem Tisch, Totenschädel fielen herunter und rollten auf dem Boden herum. Schwarze Katzen sprangen dem Burschen direkt ins Gesicht und durch ihn hindurch, denn es waren Geisterkatzen, und er spürte nichts davon. Hunde mit Feuerzähnen bissen ihn in den Hals, aber auch davon spürte er nichts. Nicht einmal Furcht hatte er, denn er dachte immer nur an Kegeln und Kartenspiel. Und es juckte ihn schon so in den Fingern, daß er auch seinen Schädel eingesetzt hätte. Und als der Baron ohne Kopf sein Gespensterschwert dagegen setzte, war der Bursche einverstanden. Er fing sich etliche Totengebeine und stellte sie auf. Dann fing er ein paar Totenschädel als Kegelkugeln, aber kaum hatte er die Gebeine aufgestellt, kamen andere und schlugen sie weg. Zugleich flogen die Geiergeister durch die Säle, durch Wände und Mauern, knirschten mit den Schnäbeln, und die Gespenster heulten, die Gebeine klapperten: »Huuiiiiii-huihui klappklapperrapp ...«

Schlimm!

Kaum waren die Gebeine wieder aufgestellt, nahm der Baron ohne Kopf einen Totenschädel und tat den ersten Wurf, traf nicht, und der junge Bursche tat den zweiten Wurf – da war es ein Uhr, und der Spuk war verschwunden. Mitsamt den Gebeinen und den Schädeln!

Der junge Bursche konnte die nächste Nacht kaum erwarten: So wie das Spiel angefangen hatte, *mußte* er gewinnen. Den ganzen Tag über dachte er an nichts anderes als an Kegel- und Kartenspiel.

In der zweiten Nacht ging es genauso wie in der ersten. Nur war das Heulen und Klappern lauter: »Huhuuiiiiiiiihuhui klappappaparappklapp ...«

Ganz schlimm!

Wieder fingen sie das Spiel an. Kaum hatte der Bursche die Gebeine aufgestellt und der Baron ohne Kopf den ersten Wurf getan und daneben getroffen und der junge Bursche den Totenschädel genommen und wollte – da war die Geisterstunde zu Ende, und der Spuk war verschwunden.

Die dritte Nacht war noch viel, viel schlimmer. Aber der junge Bursche merkte nichts davon, denn er hatte nur Kegel- und Kartenspiel im Kopf, schnappte sich die Totengebeine, kaum daß sie durch den Kamin gesaust kamen, und fing an, sie aufzustellen. Diesmal heulten die Gespenster noch viel, viel lauter: »Huihuihuiiiiiiiiiiihuihuihui klappklapp.«

Ganz, ganz schlimm!

Kaum hatte er die Gebeine aufgestellt, kamen andere Gebeine und schlugen sie weg. Und als endlich der kopflose Baron den ersten Wurf getan hatte und daneben traf, war der junge Bursche ganz sicher, daß er gewinnen würde. Er nahm einen Totenschädel, wollte – da war die Geisterstunde wieder zu Ende. Die Gebeine waren weg und der ganze Spuk vorbei.

Als nach der dritten Nacht der König kam, fand er den jungen Burschen munter auf einem Sofa liegen und pfeifen. Er wartete schon auf die nächste Nacht, um mit dem kopflosen Baron sein Kegelspiel zu Ende zu spielen.

»Sie haben meine Tochter gewonnen«, sagte der König.

Aber der junge Bursche dachte nur an Kegel- und Kartenspiel.

»Sie haben das ganze Reich gewonnen«, sagte der König.

Aber der junge Bursche sagte: »Noch eine Nacht, Majestät, muß ich hier bleiben, ich komme morgen nach.«

»Ist gut«, sagte der König, fuhr wieder zurück in seinen Palast.

In der nächsten Nacht ging es aber nicht anders als in der Nacht davor. Kaum hatten sie mit dem Spiel angefangen und der junge Bursche hätte beinahe gewonnen, war die Geisterstunde zu Ende und der Spuk vorbei. Und wieder wartete der junge Bursche auf die nächste Nacht, dann wieder bis zur nächsten, und wieder bis zur nächsten . . .

Die schöne Königstochter aber ist inzwischen wohl gestorben.

Der süße Brei

s war einmal ein Mädchen, das lebte mit seiner Mutter allein und in Armut, denn die Mutter hatte keinen Mann. Und als sie einmal nichts mehr zu essen hatten, ging das Mädchen in den Wald.

»Vielleicht werde ich Pilze finden«, sagte es, »oder Beeren, oder ich treffe die Zauberwaldfee, und sie schenkt mir einen Topf, der immer kocht und kocht, und die Speise geht nie zu Ende.«

Im Wald aber waren keine Pilze, nur etliche giftige. Es wuchsen dort auch keine Beeren. Doch das Mädchen traf die Waldzauberfee, und die gab ihm einen Topf.

Sie sagte: »Wenn du sagst: ›Töpfchen geh!‹ dann fängt der Topf an, einen süßen Brei zu kochen, soviel du willst, ohne daß du etwas hineintust, und es hört erst auf, wenn du sagst: ›Töpfchen steh!‹ Aber vergiß es nicht: ›Töpfchen steh‹!«

Das Mädchen freute sich, denn süßer Brei war zufällig auch seine Leibspeise. Es brachte den Topf nach Haus, und auch die Mutter freute sich, denn süßer Brei macht schön satt. Und von da an hatten sie wenigstens süßen Brei zu essen.

Als sie nun immer satt waren, fielen ihnen bald andere Wünsche ein. Die Mutter wünschte sich einen Mann zum Gemahl.

> Werden erst mal zweie satt,
> auch ein dritter noch was hat,

sagt ein Sprichwort, und so nahm die Mutter sich einen Gemahl.

Das Töpfchen kochte und kochte, soviel sie nur wollten. Und die drei wurden gut satt, so daß das Mädchen jetzt auch einen Mann zum Gemahl wollte und sagte:

> »Werden erst mal dreie satt,
> auch ein vierter noch was hat.«

Da sie keine Not litten und keine Sorgen mehr hatten, war die Mutter nicht dagegen, und die Tochter heiratete einen schönen dicken Jungen. Sie hatten alle vier genug zu essen und ließen den Topf kochen, so lange es ihnen gefiel. Sagten sie: »Töpfchen steh!« hörte es auf.

Bald sagte der Mann der Mutter: »Schade ist es um den schönen vielen Brei, den wir kochen könnten, wenn wir wollten, den wir aber nicht essen können, weil wir schon satt sind. Wir sollten ihn verkaufen.«

Und das taten sie. Weil der Brei süß war und gut schmeckte – er brauchte auch nicht nachgezuckert zu werden, ja, es erwies sich sogar, daß er jedem genau so schmeckte, wie er ihn am liebsten mochte –, weil der Brei also so gut war, verkauften sie viel davon.

Das Töpfchen aber kochte und kochte.

»Der Topf ist ja eine Goldgrube«, sagte der schöne dicke Junge, den die Tochter geheiratet hatte. »Wir werden eine Breikonservenfabrik aufmachen und die Konserven in Paketen überall hinschicken. Da werden wir reich.«

Und das taten sie auch. Sie ließen den Topf Tag und Nacht kochen und verkauften den Brei in die Stadt, auf das Land und ins Ausland.

Und sie wurden immer reicher.

Sie bauten eine Fabrik, bauten sich eine Villa mit allen Schikanen: Zentralheizung, Klinkerziegeln, Fensterbänken aus Marmor. Sie kauften sich afghanische Teppiche und für jeden einen Schaukelstuhl, kauften französische Betten und polierte Möbelstücke, kauften raffinierte Kleider nach der neuesten Mode, weiche Polstersessel, kurz, fast alles, was ihnen einfiel. Als das Haus zu klein dafür wurde, bauten sie noch eines daneben.

Bald wollte die Mutter einen Nutria-Pelzmantel. Dafür wollte die Tochter einen Breitschwanz und einen Nerz, und so ging das immer weiter. Sie hielten sich teure Pudelhunde, die von einem Hundefriseur gepudert und frisiert und obendrein parfümiert wurden wie Tänzerinnen.

Und jeder von den vieren bekam ein eigenes Auto.

Als sie alles hatten, was es gab, die Männer in Kamelhaarmänteln herumliefen und die Frauen sich ondulieren und pediküren ließen, fiel ihnen kein

Wunsch mehr ein. Da fingen sie an, Golf und Bridge zu spielen, um die Zeit totzuschlagen. Sie liefen auch in die Operette und ins Kabarett, den Topf ließen sie kochen und kochen. Der Brei wurde von zwei Männern in Dosen gepackt, von drei Männern in Pakete verschnürt und in Lastwagen verladen.

Indes wurden die vier immer reicher. Bald kauften sie sich ein Haus an der Riviera und eines in Alicante. Aber auch eines in Kitzbühl, 2000 Meter über dem Meeresspiegel, und zwei Grundstücke in Kanada und ein Apartment in Rom.

Das Töpfchen kochte und kochte, sie hatten das Zauberwort längst vergessen. Das wäre auch nicht schlimm gewesen – aber eines Tages waren fast alle Leute auf der Welt satt von dem Brei. Und da geschah es, als die vier an einem Nachmittag im Wohnzimmer saßen, Cocktail tranken und Nüsse knabberten, daß durch die Wohnzimmertür der Brei hereinkam.

Zuerst spürte das Mädchen etwas Warmes im Rücken.

Als sie sich umdrehte, war es schon zu spät.

Der Brei hatte die Tür verstopft, und nun kam er auch schon durch die Fenster herein.

»Das ist doch nicht schlimm«, sagte das Mädchen, »wir sagen einfach das Zauberwort, dann hört er auf zu kochen.«

»Na, los!« rief der Mann, »sag es schon, es ist dein Topf. Und beeile dich, der Brei läuft mir schon in die Schuhe.«

»Töpflein, Töpflein, dreh dich nicht um...« sagte das Mädchen. Aber das stimmte nicht.

»Töpflein, Töpflein an der Wand...«

Nein, stimmte auch nicht. Und weil das Zauberwort so einfach war, fiel es ihnen nicht mehr ein, dem Mädchen nicht, der Mutter nicht, den andern nicht, und das Töpflein kochte und kochte und kocht immer weiter, bald wird der Brei unser Land begraben und die ganze, ganze Welt – los, sag schnell das Zauberwort, wenn du's noch weißt!

Schreib's hierher:

Der faule Heinz

einz sollte zwischen seinem Hof und dem Hof des Nachbarn einen Zaun aufstellen. Er sollte erst Holz zurechtschneiden, dann sollte er Nägel holen und den Hammer suchen, sicherheitshalber noch die Säge mitnehmen, falls er etwas nachsägen mußte. Und danach noch den Hof fegen, die Späne weg!

Aber er war so faul! Er legte sich erst mal auf das Kanapee und dachte: »Das ist viel Arbeit! Erst einmal das Holz schneiden, und paßt es dann nicht, war die ganze Arbeit umsonst. Laß ich's in der Sägerei schneiden, muß ich's tragen. Ist auch viel Arbeit. Dann Nägel holen und den Hammer suchen! Ich weiß nicht, wo der Hammer liegt. Find' ich ihn nicht, such' ich, so lang ich leb'; denn wie schnell ist das Leben vorbei. Find' ich ihn doch, was hab' ich davon? Noch mehr Arbeit. Und dann die Zaunpfähle zusammenkloppen. Dabei hau' ich mir auf den Finger, da kommen die Schmerzen dazu, ich halt's nicht aus. Da leg' ich mich doch lieber erst mal hin.«

Blieb also auf dem Kanapee liegen, und als er aufwachte und ihm der Zaun wieder einfiel, sagte er: »Ich hab's! Ich heirate die Tochter vom Nachbarn und brauch' keinen Zaun zu bauen. Und *er* braucht auch keinen Zaun zu bauen. Und das Beste daran ist: sollte einmal etwas Dreck von selber auf dem Hof sich sammeln, kann die Trine ihren Hof und meinen Hof in einem Zug durchfegen, denn wir haben ja keinen Zaun dazwischen. So mach' ich's. Morgen fange ich sofort an, sie zu fragen.«

Drehte sich erst einmal um und schlief ein bißchen.

Am nächsten Tag nahm er sich einen Stuhl mit und setzte sich an die Grenze von seinem Hof, dort, wo der Zaun hingemußt hätte.

»Was soll ich erst so weit laufen«, dachte er. »Das macht mich unnötig müde. Ich warte hier, denn einmal muß der Nachbar ja vorbeikommen, ist doch sein Hof, der hier anfängt.«

Setzte sich also auf seinen Stuhl und wartete. Einmal kam der Nachbar vorbei und weckte den Heinz, der eingeschlafen war. Und als der Heinz ihn um die Hand seiner schönen, dicken Tochter Trine bat, überlegte der nicht lange und gab sie ihm zur Frau. Denn die Trine stand ihm nur den ganzen Tag im Weg herum, so faul war sie.

Und weil der Nachbar auch sparsam war, sagte er abends im Bett zu seiner Frau: »No, was will ich mehr? Heinzens Hof grenzt an meinen. Also sparen wir uns einen Zaun. Das macht vierhundertfünfzig Mark, das ist kein Katzendreck. Bring' ich sie auf die Bank, vermehren sie sich bei einem guten Zins in zehn Jahren um das Doppelte. Nicht zugerechnet der Wert von Haus und Garten. Na, und unsere Trine ist unter der Haube.«

Also ging die Trine gleich hinüber und blieb beim Heinz.

»Es gibt nichts Besseres auf der Welt«, sagte die Trine, »als sich Arbeit zu ersparen.«

Die Zeit, die sie sich erspart hatten, weil der faule Heinz keinen Zaun bauen mußte, legten sie sich aufs Kanapee. Sie blieben so lange liegen, wie er gebraucht hätte, um den Zaun zu bauen, und dann noch die Zeit, die er gebraucht hätte, sich danach auszuruhen.

»Und fegen muß ich jetzt auch nicht«, sagte die schöne, dicke Trine. »Denn wo nicht gearbeitet wird, fällt auch kein Dreck herunter.«

Und die Zeit, die sie sich damit gespart hatten, blieben sie auf dem Kanapee liegen.

»Für das Geld«, sagte der Heinz, »das wir uns durch den Zaun erspart haben und weil man auch nach so viel Arbeit Hunger bekommt, kaufen wir uns gute Speisen und Getränke. Wein und etwas Wurstbrot würden mir gut schmecken.«

»Schokolade und Konfekt aber auch«, sagte die schöne, dicke Trine.

Aber weil man zum Einkaufen sich erst wieder den Hut aufsetzen und dann die Türe aufmachen und auf die Straße hinausgehen mußte, blieben sie lieber auf dem Kanapee liegen, um sich dafür auszuruhen. Aber als der Appetit größer wurde, ging die schöne, dicke Trine zum Kaufmann, kaufte alles ein, und sie machten sich einen schönen Tag auf dem Kanapee.

Das machte sie müde, und sie blieben auf dem Kanapee liegen, um sich den schönen Tag nicht durch unnötige Bewegung zu verderben.

»Der Herbst wird kommen«, sagte der Heinz, »und wird Blätter auf den Hof wehen. Dann muß einer aufstehen und fegen. Da wäre es am besten, wir hätten ein Kind, das könnte den Hof fegen.«

»Aber vielleicht kommt kein Herbst«, sagte die Trine. »Oder es kommt ein Wind und weht die Blätter weg.«

»Ist gut«, sagte der Heinz, »dann brauchen wir auch kein Kind. Sparen wir uns wieder Arbeit.« Drehte sich zur Wand und ruhte sich etwas aus.

»Weißt du«, sagte die Trine schon halb im Traum, »je mehr man sich bewegt, um so schneller vergeht die Zeit. Und vergeht die Zeit, vergeht auch die Jugend. Wär' schade drum.«

Als der Heinz wieder Hunger bekam, sagte er: »Aber wenn wir doch ein Kind hätten, könnte es Hochzeit machen, und wir könnten uns in den Sessel setzen und uns satt essen.«

»Aber dann müßten wir extra wieder aufstehen und unsere Sonntagskleider sauberbürsten und sie danach wieder in den Schrank packen.«

»Ist gut«, sagte der Heinz, »also brauchen wir kein Kind. Da sparen wir uns auch wieder viel Zeit.«

Für die gesparte Zeit blieben sie auf dem Kanapee liegen. Dort liegen sie wohl heute noch.

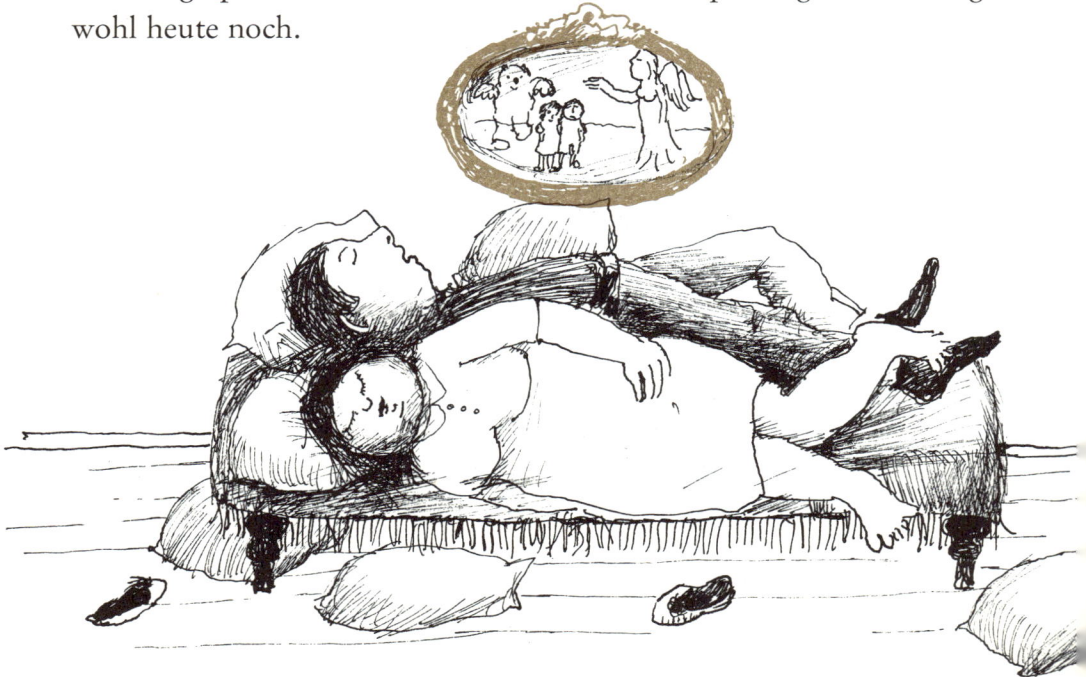

Herr Fix und Fertig

in Soldat war nach einem Kriege übriggeblieben, weil ihn keine Kugel getroffen hatte. Da stand er da, hatte nichts zu essen, hatte keine Wohnung, fand keine Arbeit; er hatte nichts gelernt als Mord und Totschlag. Davon konnte er aber nicht mehr leben, denn jetzt war das auf einmal verboten, weil der Krieg zu Ende war.

Und außerdem konnte er nichts.

Doch! Er konnte blind gehorchen. Also wollte er sich eine Anstellung bei einem hohen Herrn suchen. So machte er sich auf den Weg und kam zu einem fremden Gutshof. Er sah im Garten hinter dem Zaun einen solchen hohen Herrn spazierengehen. Auf und ab, hin und her und wieder zurück. Da erkannte Fix und Fertig seinen alten General. Nach dem Kriege bleiben fast mehr Generäle übrig als Soldaten, weil Generäle selbst nicht kämpfen.

Fix und Fertig besann sich nicht lange, ging frisch und frei durch das Tor.

Sein General erkannte ihn natürlich nicht. Wozu sollte er sich auch das Gesicht eines einzelnen Soldaten merken? Am anderen Tag konnte solch ein einzelner Soldat sowieso schon tot sein.

Fix und Fertig sagte: »Ich suche Arbeit bei einem hohen Herrn. Ich kann gut gehorchen. Ich kann alles, was kommandiert wird.«

Das hörte der General gern, zumal er an dem alten Soldatenmantel des Herrn Fix und Fertig sah, daß der Mann nicht log. Und weil dem General der Gutshof gehörte, das Schloß daneben auch und er außerdem eine hohe Generalsrente bekam, konnte er so einen Diener gut gebrauchen. Am liebsten einen, der nicht viel fragt, der genau weiß, was ein General denkt, und alles genau so macht.

Für Herrn Fix und Fertig war es keine Kunst zu wissen, was ein General denkt.

»Na«, sagte der General zur Probe, »was ist?«

»Na, was wird sein«, dachte sich Herr Fix und Fertig. »Was kann der General schon denken? – Rauchen.«

Also holte er ihm drei Pfeifen, damit er sich eine aussuchen konnte. Holte Tabak und Feuer, und der Gutsbesitzer sagte: »Jesiegt.«

Das hieß, daß Herr Fix und Fertig eingestellt war.

Er machte seine Arbeit zu des Gutsbesitzers größter Zufriedenheit. Das war, wie gesagt, auch keine große Kunst für Herrn Fix und Fertig.

Sagte der hohe Herr zum Beispiel: »Na!« – überlegte Fix und Fertig: »Na, was kann er schon denken? – Stiefel ausziehen!« und zog ihm also die Stiefel aus.

Sagte er wieder »Na!« – brachte Fix und Fertig die Potschen*.

Sagte er »Hannannana!«, fror es ihn. Was machte Fix und Fertig? – Die Wärmflasche unter die Jacke und Tee mit Rum!

Ging er unruhig auf und ab, hustete und sagte: »Naaaah . . .« Was konnte er dann schon wollen? – Saufen!

Stand Schnaps und der beste Wein auf dem Tisch, was konnte der General dann schon groß wollen? – Kameraden!

Also telefonierte Fix und Fertig herum, und zwei Stunden später waren die Kameraden, in ihren schnellen Autos von ihren Dienern kutschiert, da: fünf Majore, ein Korvettenkapitän und zwei Generäle. Und wenn das Fest auf dem Höhepunkt war, brauchte der Gutsherr keine langen Reden zu halten, dann wußte Fix und Fertig, was er brauchte: Feuerwerk, Knallerei, Rabatz, denn das macht den Soldaten stark.

Fix und Fertig schaffte Munition heran, auch etliche Leuchtpatronen, holte Knarren und Gewehre aus den Schränken, und dann ballerten sie in die Luft und klopften sich auf die Schulter und freuten sich.

Am nächsten Tag wußte Fix und Fertig von allein, was der Gutsherr wollte: Eisbeutel auf den Kopf, Pfefferminztee! Dann Bericht erstatten, was gestern alles los gewesen war, dabei aber alles schön zugunsten des Generals ausschmücken, große Heldentaten berichten.

Und so vergingen die Jahre. Fix und Fertig machte seine Arbeit zu des Gutsherrn vollster Zufriedenheit. Als dieser älter wurde und eines Tages sagte: »Na ja«, wußte Herr Fix und Fertig Bescheid. Was wollte er schon? – Heiraten und damit Geld verdienen, damit der Lebensabend auch ganz sicher gesichert ist. Eine reiche Frau also.

Weil der Gutsherr selber nicht mehr so rüstig auf den Beinen war, bat sich Herr Fix und Fertig einen guten Anzug aus, steckte sich etliche kleine

* Hausschuhe

Orden ans Jackett, erbat sich den sechshunderter Mercedes und die Erlaubnis, nach eigenem Gutdünken beim Generalfeldmarschall von Hohensteiß um die Hand seiner Tochter anzuhalten.

Von Herrn von Hohensteiß wußte man, daß er rechtzeitig die Kriegskasse kassiert und in der Schweiz deponiert hatte. Dazu kamen die Besitztümer im Ausland. Im Inland freilich lebten die von Hohensteiß hinter Gartenmauern anscheinend bescheiden.

Eine bessere Frau konnte sich der General nicht wünschen als Gudrun von Hohensteiß.

Fix und Fertig fuhr also los und kam an einen großen Wald auf einer Höhe. Da sangen hundert und tausend Vögel.

»Na was!« sagte Fix und Fertig, »da singen sie den ganzen Tag herum. Wollen denen mal zeigen, wer wir sind!«

Er nahm eine Eierhandgranate aus dem Kofferraum und warf sie in den Wald. Dreißig Vögel wurden getötet, und nach zwei Sekunden war der Wald leer.

Er fuhr weiter und kam an einen Kanal. Da drin war ein Fisch und jammerte: »Nimm mich hier 'raus, bitte! Das Wasser stinkt, ist ungenießbar, Abwässer, Gift, nimm mich doch bitte 'raus!«

»Rausnehmen, klar!« sagte Fix und Fertig, holte eine Eierhandgranate aus dem Kofferraum und warf sie in den Kanal.

»Jetzt ist er draußen«, und er fuhr weiter.

Da kam er an ein Feld, dort saßen über hundert Raben, die schrien und hatten Hunger.

Fix und Fertig nahm eine Eierhandgranate aus dem Kofferraum, warf sie zwischen die Raben, und das Feld war geräumt.

Als er an der Villa des Generalfeldmarschall von Hohensteiß anlangte und dort beim Generalfeldmarschall um die Hand seiner Tochter Gudrun anhielt und dieser die Orden an Fix und Fertigs Jackett sah, lud er ihn ein, doch Platz zu nehmen.

»Wohl ziemlich viele Siege am Revers, der Kamerad, wie ich sehe?« sagte der Feldmarschall. »Erzähln Sie doch mal!«

Und Fix und Fertig erzählte, daß er einen Wald auf der Höhe total aus-
geräumt habe, daß er einen Kanal genommen und eine Feldschlacht gewonnen habe.

Der Feldmarschall lachte aus vollem Hals. »Na, wenn der Bursche schon
so eine Kanone ist, was muß da der Herr erst für'n As sein. Ist jemacht,
Kamerad! Nehm' Sie dat Kind gleich mit!«

Das hieß, daß er der Heirat seiner Tochter Gudrun mit dem Herrn General zustimmte.

Und sie packte ihre Koffer, fuhr mit Fix und Fertig noch am gleichen Tag
zurück, das Schloß und den Gutshof zu besichtigen. Und es ward eine
Hochzeit gefeiert, so groß, mit so viel Rabatz und zwei Militärkapellen,
daß die alten Kameraden, die Generäle und Offiziere, nach drei Tagen
vom Suff noch nicht wieder aufgewacht waren, weder die, die der Gutsherr geladen hatte, noch die Freunde des Generalfeldmarschall von Hohensteiß.

Rapunzeln

s waren einmal ein Mann und eine Frau, an denen war
nichts besonders Auffallendes. Der Mann sah aus wie
fast alle Männer aussehen, hatte einen etwas zu dicken
Bauch, etwas zu lange Hosen, kurze Haare und ging
jeden Tag zur Arbeit.

Die Frau war so dick wie er, hatte ein etwas zu kurzes Kleid, längere
Haare und kochte für ihn das Essen. Sie lasen in der Zeitung, und abends
guckten sie in den Fernseher. Sie hatten im Wohnzimmer und im Schlaf-
zimmer gewöhnliche Möbel und einen Teppich, bezahlten Miete und besaßen keinen Garten.

Aber neben ihnen wohnte die Frau Gothel, und die hatte einen Garten.
Von ihrem Küchenfenster konnten die beiden Leute sehen, was dort wuchs.
Und was wuchs dort? – Rapunzeln.

Rapunzeln aber gibt es nicht; denn sie wachsen nur in den Gärten von
Zauberern. Aber auch in den Gärten von Erdnußzwergen und in den Gärten, die den Feen gehören. Frau Gothel war aber kein Erdnußzwerg. Auch
kein Zauberer. Also war sie eine Fee. Frau Gothel war eine Fee.

Jeden Abend nach dem Fernsehen sagte die Frau zu ihrem Mann: »Ich
wünsch' mir ja so sehr ein Kind. Ach, Gott, hätten wir doch bloß ein Kind!
Dann wäre es mir nicht mehr so langweilig, und wenn wir einmal alt sind,
hätten wir jemanden, der uns pflegt. Hätten wir doch bloß ein Kind! Fin-
dest du das nicht auch?« Auch der Mann wünschte sich ein Kind. Doch
das nutzte nichts, sie bekamen kein Kind, und die Jahre vergingen.

Aber dann auf einmal sollten die beiden Leute doch ein Kind bekommen.
Der Mann freute sich wohl sehr darüber und brachte der Frau jeden Tag
etwas Besonderes zu essen mit: Raviolo in der Dose oder chinesische Mor-
cheln, Pfifferlinge in Weinsoße oder Gebirgstannenhonig.

Aber was er ihr auch mitbrachte, sie sagte immer: »Ach, Gott, hätte ich
doch nur Rapunzeln! Rapunzeln sind meine Leibspeise, und wenn du mir

keine Rapunzeln besorgst, werde ich wohl sterben müssen. Ach, lieber Mann, dann wirst du auch verhungern; wenn ich nämlich tot bin, kann ich nicht mehr für dich kochen. Und das Kind bekommen wir dann auch nicht.«

Da ging der Mann in alle Gemüsegeschäfte, aber Rapunzeln gab es nicht. Er ging auch in den Zauberladen »König«, wo es Zauberkunststücke und Zaubergegenstände zu kaufen gibt, und Herr König gab ihm eine Adresse in Amerika. Dorthin schrieb der Mann einen Brief. Von dort gab man den Brief weiter nach Japan. Die Japaner schrieben dem Mann, Rapunzeln hätten sie nicht, doch wüßten sie eine Adresse, wo er welche bekommen könnte. Und diese Adresse war die der Frau Gothel.

»Ich lege mich jetzt hin«, sagte die Frau. »Morgen werde ich sterben, wenn du mir keine Rapunzeln besorgst. Ich fühle schon, wie ich ganz blaß werde.«

Was konnte der Mann tun? Er ging zur Frau Gothel, doch sie verkaufte keine Rapunzeln. Also stieg er bei Nacht über die Mauer, der Mond schien etwas durch die Wolken. Oben hinter der Gardine stand die Frau Gothel und sah ihn. Aber sie sagte noch nichts. Der Mann grub zwei Rapunzeln mit der Hand aus und brachte sie seiner Frau.

Kaum hatte sie die zwei Rapunzeln gegessen, bekam sie Appetit auf vier und sagte: »Wenn du mir keine vier Rapunzeln besorgst, werde ich wohl sterben müssen. Ich kann ohne Rapunzeln nicht mehr leben. Dann werden wir auch kein Kind bekommen.«

Da stieg der Mann in der nächsten Nacht wieder über die Mauer. Der Mond schien durch die Wolken, und die Frau Gothel stand oben hinter der Gardine und sah alles genau.

Er grub vier Rapunzeln mit der Hand aus und brachte sie seiner Frau.

Doch kaum hatte sie die vier Rapunzeln gegessen, bekam sie Appetit auf acht Rapunzeln und sagte: »Wenn du mir keine acht Rapunzeln bringst, muß ich wohl sterben. Was wirst du dann machen, ohne mich? Wer soll nur für dich kochen? Da mußt du wohl verhungern. Ach Gott, und das Kind bekommen wir auch nicht.«

Also stieg der Mann in der nächsten Nacht wieder über die Mauer, und der Mond schien durch die Wolken.

Die Frau Gothel aber stand oben hinter der Gardine und sah alles genau.

Er grub acht Rapunzeln aus und brachte sie seiner Frau.

Kaum hatte sie die letzte verspeist, bekam sie Appetit auf doppelt so viele Rapunzeln und sagte: »Morgen werde ich wohl tot vom Stuhl fallen, denn ich weiß, daß du mir keine Rapunzeln mehr besorgen kannst. Ach, du armer Mann, dann wirst du wohl verhungern müssen, weil ich nicht mehr für dich kochen kann. Und das Kind bekommen wir auch nicht.«

Der Mann stieg also wieder über die Mauer, der Mond schien von oben, und Frau Gothel stand hinter der Gardine und sah alles genau.

Eines Tages aber wollte die Frau des Mannes sieben Körbe Rapunzeln haben, und der Mann sollte sieben Mal über die Mauer steigen. Und als die Frau sagte: »Wenn du mir keine sieben Körbe Rapunzeln bringst, falle ich sofort vom Stuhl, bin tot, und keiner wird für dich kochen«, – da sagte der Mann: »Ich tu's nicht mehr. Das ist Diebstahl und wird bestraft. Außerdem kann ich Bratkartoffel kochen. Dann koche ich mir eben Bratkartoffeln.« Da legte sich die Frau auf die Erde und stellte sich schon halbtot. Der Mann stieg also ein letztes Mal über die Mauer, packte die Rapunzeln in die Körbe – und mit einmal stand die Frau Gothel neben ihm.

»Diebesgesindel sind die Nachbarn«, sagte sie. »Nicht mal seinen Garten kann man in Frieden bestellen. Ich werde Sie vor Gericht bringen.«

Frau Gothel wußte längst, daß der Mann und die Frau ein Kind bekommen sollten. Sie aber wünschte sich auch ein Kind. Und als der Mann dastand, den Hut in den Händen herumdrehte, um Gnade und Vergebung bat, sagte sie: »Gut, ich werde Sie nicht anzeigen! Aber ich will ein Kind.«

Nun hatte der Mann aber kein Kind, das er ihr hätte geben können, und in seiner Not versprach er ihr also das Kind, das seine Frau bald bekommen würde, und Frau Gothel versprach ihm so viele Rapunzeln, wie seine Frau nur immer haben wollte – bis das Kind käme.

Ab jetzt gab es bei den beiden Leuten immer nur Rapunzeln. Rapunzeln, Rapunzeln. Mit Salz, mit Zucker, mit Pfeffer, mit Honig. Gekocht, geribbelt, geschnitten, eingelegt und gedünstet. Zu Mittag Rapunzeln, zum Frühstück Rapunzeln, am Abend Rapunzeln. Rapunzeln als Vorspeise, Rapunzeln als Hauptspeise, Rapunzeln als Nachspeise. Rapunzelkompott, Rapunzelmarmelade und Rapunzelsuppe.

Die Frau konnte nicht genug davon bekommen, es war nicht mehr zum Aushalten. Und so war es auch kein Wunder, daß die Frau kein Kind bekam, sondern eine Rapunzel. Darüber geriet Frau Gothel furchtbar in Wut, denn wie sehr hatte sie sich doch das Kind gewünscht! In ihrer Wut riß sie alle restlichen Rapunzeln aus ihrem Garten und verbrannte sie. Nie, nie wieder hat sie Rapunzeln angepflanzt. Seitdem gibt es keine Rapunzeln mehr auf der Welt. Oder hast du schon welche gegessen?

Katz und Maus in Gesellschaft

ine Maus war von einer Katze gefangen worden und sollte gefressen werden. Weil sie aber Angst hatte, daß der Tod sie schmerzen könnte, schrie sie in ihrer Not: »Wenn du mich frißt, hast du doch nicht einmal einen hohlen Zahn voll Fleisch und hast in fünf Minuten schon wieder Hunger. Wenn du mich nicht frißt, würde ich dich auch heiraten, ehrlich. Da hast du mehr davon.«

Die Katze sagte: »Ist in Ordnung. Aber zuerst mußt du mir einen kleinen Topf mit Gänsefett, oben auf dem Regal, aus der Ecke schieben. Es steht ein Gurkenglas davor. Ich komme nicht daran vorbei, bin zu breit. Am besten, du holst dir einen oder zwei Kameraden, die dir helfen, der Topf ist schwer. Das soll schon mal deine Mitgift für unsere Heirat sein.«

Die Maus war froh, daß sie nicht sterben mußte, und holte sich zum Helfen einen jungen Mauser, der sie heiß verehrte und schon dreimal um ihre Pfote angehalten und der gesagt hatte, er ginge für sie durchs Feuer. Im Notfall. Dann nahm sie noch einen alten, kurzsichtigen Onkel mit, der die Katze nicht sehen konnte, sonst wäre er wohl nicht mitgegangen. Die drei gingen also in die Kammer, stiegen auf das Regal und schoben den kleinen Topf Gänsefett aus der Ecke.

Dann fraß die Katze die beiden Mausekameraden auf. Als sie die Maus schon am Schwanz gepackt hatte und auch fressen wollte, schrie diese, weil sie Angst hatte, daß der Tod sie schmerzen könnte: »Wir wollten doch heiraten, ich bin's doch, deine Frau.«

»Pardon«, sagte die Katze, »habe dich nicht erkannt. Die Mäuse sehen alle egal aus.«

Sie hielt sie aber noch fest.

»Aber nur mit einer ordentlichen Trauung«, sagte die Katze. »Du mußt zum Dompfaff gehen und die Hochzeit anmelden, sonst mache ich nicht mit. Inzwischen trage ich den kleinen Topf Gänsefett hinter das Sofa. Wir werden damit ein ganz großes Hochzeitsfest feiern.«

Weil die Maus Angst hatte, daß der Tod sie schmerzen könnte, ging sie also zum Dompfaff, die Hochzeit anzumelden.

Der Dompfaff dachte, die Maus würde einen jungen Mauser heiraten, sonst hätte er wohl nicht zugesagt, und legte die Trauung auf morgen, Dienstag, acht Uhr, am Waldrand fest.

Als die Maus zurück zur Katze kam, sagte die Katze: »Keine Trauung ohne Trauzeugen! Das ist Tradition, und so will ich das haben. Am besten, du gehst sofort zum Rotkehlchen und bringst es her, damit wir alles einstudieren können. Das Rotkehlchen hat einen guten Ruf und ist als ehrlich bekannt.«

Die Maus ging zum Rotkehlchen, und weil dieses dachte, die Maus würde einen jungen Mauser heiraten, ging sie mit, sonst wäre sie wohl nicht gekommen.

Da fraß die Katze das Rotkehlchen.

Die Maus sagte nichts, denn sie hatte Angst, die Katze könnte sie fressen und der Tod würde sie vielleicht schmerzen.

»Und jetzt lade hundert Gäste ein«, sagte die Katze. »Wir machen ein ganz großes Fest.«

Die Maus ging also los, lud die Maulwürfe ein, weil die blind sind und die Katze nicht sehen können, sonst würden sie wohl nicht kommen.

Als am nächsten Tag um acht der Dompfaff zum Waldrand kam, war die Maus mit der Katze schon da. Die Maus hatte sich schön geschmückt, trug einen Schleier aus Spinnenweben und hatte die Katze untergehakt. Das heißt, die Katze trug sie auf der Pfote, und die Maus hatte sie dort untergehakt.

Der Dompfaff hatte zwei Ministrantenvögel mitgebracht, und noch ehe die Trauung anfing, fraß die Katze den Dompfaff mitsamt den Ministranten.

Die Maus fing an zu zittern. Sie war sich auf einmal nicht mehr ganz sicher, ob auch alles in Ordnung sei. »Aber *wir* sind doch verheiratet, nicht? Ich bin doch deine Frau?« sagte sie.

»So!« grinste die Katze, »dann zeig mir doch mal unseren Trauschein!« – und fraß die Maus auf.

»Nie nie nie nie wieder laß' ich mich von jemandem zum Heiraten überreden«, rief die Maus noch aus der Katze heraus, »aber ehrlich nicht.«

Von den Maulwürfen, die zur Hochzeit kamen, erwischte die Katze noch sieben, die anderen konnten fliehen.

Die schöne Kathrine und Piff Paff der Polterie

»Guten Tag, Herr Holenther.«

»Guten Tag, *Piff Paff der Polterie.*«

»Könnt' ich Ihre Tochter Kathrine wohl kriegen?«

»Kriegen wohl. Wenn die Mutter Schluh und der Bruder
Hosenstolz und die Schwester Käseltraut und die schöne
Kathrine wohl will.«

»Wo ist denn die Mutter Schluh?«
»Sitzt im Stall, melkt die Kuh.«

»Guten Tag, Mutter Schluh.«

»Guten Tag, *Piff Paff der Polterie.*«

»Könnt' ich Ihre Tochter Kathrine wohl kriegen?«

»Kriegen wohl. Wenn der Vater Holenther und der Bruder Hosenstolz und die Schwester Käseltraut und die schöne Kathrine wohl will.«

»Wo ist denn der Bruder Hosenstolz?«
»Ist hinterm Haus und hackt Holz.«

»Guten Tag, Bruder Hosenstolz.«

»Guten Tag, *Piff Paff der Polterie.*«

»Könnt' ich Ihre Schwester Kathrine wohl kriegen?«

»Kriegen wohl. Wenn der Vater Holenther und die Mutter Schluh und die Schwester Käseltraut und die schöne Kathrine wohl will.«

»Wo ist denn Schwester Käseltraut?«

»Sitzt am Klavier und singt laut.«

»Guten Tag, Schwester Käseltraut.«

»Guten Tag, *Piff Paff der Polterie.*«

»Könnt' ich Ihre Schwester Kathrine wohl kriegen?«

»Kriegen wohl, wenn der Vater Holenther und die Mutter Schluh und der Bruder Hosenstolz und die schöne Kathrine wohl will.«

»Wo ist denn die schöne Kathrin?«

»Sitzt in der Stube und ißt Aspirin.«

»Guten Tag, schöne Kathrine.«

»Guten Tag, *Piff Paff der Polterie*.«

»Willst du wohl meine Braut sein?«

»Wollen wohl. Doch muß ich erst den Vater Holenther
und die Mutter Schluh
und den Bruder Hosenstolz
und die Schwester Käseltraut fragen, ob ich wohl soll.«

»Guten Tag, Vater Holenther.«

»Guten Tag, Tochter Kathrine.«

»Der *Piff Paff der Polterie* hat gefragt, ob ich wohl seine
Braut sein wolle.«

»Wollen wohl. Aber da mußt du erst die Mutter Schluh und den Bruder Hosenstolz und die Schwester Käseltraut fragen, ob du auch sollst.«

Die Mutter Schluh schickte sie zum Bruder Hosenstolz, der Bruder Hosenstolz zur Schwester Käseltraut, die Schwester Käseltraut zum *Piff Paff der Polterie*. Der *Piff Paff der Polterie* ging wieder zum Vater Holenther fragen. Und als sie achtzig Jahre lang gefragt hatten, waren der Vater Holenther, die Mutter Schluh und der Bruder Hosenstolz gestorben. Und als letzte starb die Schwester Käseltraut.

Da wurde die schöne Kathrine sein Schatz.

Aber sie waren wohl auch schon über hundert Jahre alt.

Die goldene Gans

Es waren einmal drei Brüder. Zwei von ihnen standen bei den Leuten in gutem Ansehen, denn sie machten viel von sich her. Redeten viel herum, gingen auf jede Hochzeit tanzen, protzten mit allem möglichen, und als sie alt genug waren, fanden sie ohne viel Mühe jeder ein Mädchen zum Heiraten.

Anders war das aber mit dem dritten. Er redete eher zu wenig als zu viel, ging immer langsam und fröhlich vor sich hin, ließ die Sonne auf sich scheinen und die Spatzen pfeifen, und sie nannten ihn »Dummling«. Ging er auf ein Tanzvergnügen, wollte kein Mädchen mit ihm tanzen. Wollte er heiraten, lachten ihn die Mädchen aus, und keine nahm ihn.

»Wir müssen in den Wald, Holz schlagen«, sagte einmal der älteste. »Heute gehe ich, morgen gehst du und übermorgen der Dummling. Hoffentlich hackt er sich nicht ins Bein, der Dummkopf, hahaha.«

Er ging also am ersten Tag los, schliff vorher noch seine Axt, packte Wurstbrot und Bier ein. Unterwegs traf er im Wald einen alten Mann.

»Könntest du mir etwas von deinem Brot abgeben?« fragte der Alte. »Ich habe seit einem Tag nichts mehr gegessen.«

»Hab' kein Brot bei mir«, sagte der Bursche. Das war aber gelogen. Ihm tat es um die Wurst auf dem Brot leid.

An seinem Platz angekommen, fing er an, Holz zu schlagen, und hackte sich ins Bein. Da war er froh, daß der alte Mann nicht weit weg war und Hilfe holen konnte.

Am nächsten Tag ging der zweite Bruder in den Wald. Packte sich Käsebrot und Bier ein und traf im Wald den alten Mann. »Könntest du mir etwas von deinem Brot abgeben?« fragte der. »Ich habe seit zwei Tagen nichts mehr gegessen.«

»Hab' kein Brot bei mir«, sagte der Bursche, denn es tat ihm um den Käse leid, und ging weiter. An seinem Platz angekommen, fing er an, Holz zu schlagen und hackte sich in die Hand. Da war er aber froh, daß der Alte in der Nähe war und ihm half.

Am dritten Tag ging der Dummling los, um Holz zu schlagen. Sie gaben ihm trockenes Brot mit, und zwar möglichst hartes, damit er lange daran zu essen hatte. Dann brauchte er weniger.

Als er in den Wald kam, traf er den Alten.

»Könntest du mir etwas von deinem Brot abgeben?« fragte der alte Mann. »Ich habe seit drei Tagen nichts mehr gegessen.«

Da teilte der Dummling mit ihm sein Brot. Sie setzten sich ins Gras und aßen zusammen.

Wie sie so ins Reden kamen, sagte der alte Mann: »Ich bin schon seit Kindesbeinen hier im Wald. Die meisten Bäume habe ich wachsen sehen, und ich kenne fast jeden. Mußt du Holz schlagen? Ich zeig' dir einen Baum, den mußt du nehmen.«

Und als der Dummling den Baum umschlug, fand er in der Wurzel eine goldene Gans. Der Dummling nahm die Gans mit nach Haus.

Unterwegs ging er noch ins Wirtshaus, denn er wollte etwas essen und trinken. Er setzte sich an einen Tisch, hielt die Gans unter dem Arm.

Kaum hatte die Tochter des Wirts das Gold gesehen, wie es so glitzerte und blendete, da kam sie sofort zu dem Dummling, setzte sich neben ihn und redete sehr freundlich. »Wo hast du die Gans her? Ist sie aus reinem Gold? Was wiegt sie wohl und wieviel ist sie wert? Ach, geh, du kennst mich doch, wir waren schon immer gut miteinander!«

Sie war ein schönes Mädchen, hatte aber früher besonders laut über den Dummling gelacht, als er die Gans noch nicht hatte.

Aber kaum hatte sie versucht, die Gans zu berühren, da hing sie fest und konnte nicht mehr los. Da überlegte sie sich: »Na gut! Komm' ich nicht los, muß er mich behalten. Behält er mich, ist's gut für mich; denn so viel Gold ist ein Vermögen wert. Dann bin ich eine reiche Frau.«

Kaum hatte die Magd des Gastwirts gesehen, daß die Tochter neben dem Dummling saß, da kam sie auch an, denn sie dachte: »Ohne Grund wird sie nicht bei ihm sitzen.«

Sie sah die goldene Gans und setzte sich auch neben den Dummling, als hätte sie früher nie über ihn gelacht. Kaum aber hatte sie die Gans berührt, hing sie auch fest und konnte nicht mehr los. Aber auch sie dachte, dann müsse der Dummling eben beide Mädchen behalten. Die Gans würde auch für drei reichen.

Indessen hatten die Gäste gesehen, daß sich die Mädchen zu dem Dummling gesetzt hatten. Und als sie hinausgingen in die Stadt, erzählten sie, der Dummling hätte Gold in Hülle und Fülle, und die Mädchen rissen sich nur so um ihn.

Es dauerte gar nicht lange, da kamen andere Mädchen, die dachten: »Nimmt er die nicht, nimmt er mich. Mir täte das gut passen, so schön reich zu werden.«

Sie kamen ins Wirtshaus, setzten sich zu dem Dummling. Aber kaum hatten sie die goldene Gans berührt oder nur eines der Mädchen, die schon an der Gans klebten, da hingen auch sie fest und konnten nicht mehr los. Bald war das ganze Gastzimmer voll Mädchen und dann die ganze Straße.

Und als es zwei Straßen voller Mädchen waren, ging das Gerücht durch
die benachbarten Dörfer und Städte. Dort wäre einer, der habe so viel
Gold, daß er alle, alle Mädchen der Welt reich machen könne, und da kamen sie von überall her. Bald wußte niemand mehr etwas Genaues, nur
daß da einer wäre, der reich sei oder Gold in Hülle und Fülle hätte und
heiraten wolle. Und sie hängten sich, ohne zu überlegen und ohne Verstand, hinten dran.

Der Junge war schon längst weggegangen. Er hatte die Gans auf den Stuhl
gestellt, die Wirtstochter klebte daran, konnte aber nicht weg, denn das
Knäuel war schon zu verworren. Und als der Dummling das so sah, wie
alle wegen dem bißchen Gold wie die Kletten aneinanderklebten, da hatte
er keine Lust mehr zu heiraten. Und er lebte lustig und in Frieden allein
bis an sein Ende.

Das Gasthaus steht noch an der gleichen Stelle und heißt immer noch »Die
goldene Gans«.

218

Das Wasser des Lebens [1]

s war einmal eine Prinzessin, die war so schön, so schön, und zart wie eine Vogelfeder und so leicht. Sie hatte Haare wie schwarze Seide und Augen wie Perlen aus dem Meer. Jeder Mann auf der Welt hätte sie geheiratet, ohne sich nur eine Sekunde zu bedenken, und wäre auch dafür gestorben.

Aber die Prinzessin nahm keinen. Sie hätte nur noch ein Jahr zu leben, hatte der Arzt gesagt. Dann müsste sie sterben, und keiner, keiner auf der Welt könne ihr helfen.

Da kam eines Tages so ein Prinz und hielt um ihre Hand an.

»Es geht nicht«, sagte die Prinzessin, »denn ich muß bald sterben. Ach, das ist so schlimm.«

Da sagte der Prinz: »Ich werde dir das Wasser des Lebens bringen, wenn du mich heiratest. Wer von dem Wasser trinkt, wird gesund, das ist ganz ehrlich wahr.«

Der Prinz begehrte die schöne Prinzessin nämlich sehr.

»Du mußt aber meine Frau werden«, sagte er, »und zwar vorher. Dann werde ich dir das Wasser holen.«

Die Prinzessin willigte in ihrer Not ein. Die Hochzeit wurde gefeiert, der Prinz blieb drei Tage und drei Nächte bei ihr im Brautzimmer, und dann machte er sich auf den Weg. Er ging nicht weit, holte aus der nächsten Quelle einen Krug voll Wasser. Nach drei Tagen kam er wieder und sagte: »Da ist es, das ist das Wasser des Lebens. Trink davon, und du wirst weiterleben!«

Die Prinzessin trank davon, und nach zwei Tagen starb sie; denn das war ganz gewöhnliches Wasser. Es schmeckte nicht einmal gut.

Das Wasser des Lebens ⁽²⁾

Es war auch einmal eine andere Prinzessin, die war ziemlich schön, und viele Prinzen und Grafen kamen, hielten um ihre Hand an. Denn wer sie heiraten würde, sollte König werden in dem Land ihres Vaters. Aber weil es der Prinzessin so gut ging und sie alles hatte, was sie wollte, niemals arbeiten mußte, war sie ihres Lebens nicht so richtig froh und meinte, sie müsse jetzt bald sterben. Überall tat es ihr weh, und alles zwickte sie. Kam ein Prinz und hielt um ihre Hand an, dann sagte sie: »Ach, das alles ist so furchtbar. Ich würde Sie ja heiraten, aber es lohnt sich nicht mehr, denn ich werde bald sterben. Ach, ist das furchbar! Es tut mir leid, aber ich muß nein sagen.«

Das sagte sie jedem. Und je mehr kamen, um so kränker fühlte sie sich, und bald sagte sie auch: »Drei Tage, lieber Prinz, habe ich noch zu leben. Der Tod steht mir im Gesicht geschrieben, die Hände und Beine werden mir schwer, ich fühle mich schon ganz schwach. Kein Arzt der Welt kann mir helfen. Es tut mir leid, lieber Prinz, aber ich muß nein sagen. Es ist so furchtbar.«

Da kam eines Tages ein Baron. Und als sie ihm das alles erzählte, sagte er: »Ich seh's, ich seh's, meine liebste Prinzessin, denn Sie sind ganz furchtbar blaß. Aber das ist nicht schlimm. Denn ich – und ich muß Ihnen sagen, ich bin der einzige auf der Welt, der das weiß – kenne eine Quelle, dort kommt das Wasser des Lebens aus der Erde. Niemand kann sie finden, niemand weiß, wo sie ist, und ich werde es auch keinem sagen.«

»Sagen Sie's mir, holen Sie mir das Wasser des Lebens, ich werde alles, alles tun, wenn Sie's mir bringen.«

Da verlangte der Baron, daß sie ihn heiratete, ging noch vor der Hochzeit los und holte irgendwo, vielleicht war es nur im Hotel »Frühling« beim Bahnhof, in einer kleinen Flasche aus grünem Glas etwas Wasser aus der Wasserleitung. Die Prinzessin trank es langsam, tropfenweise mit einem Löffel und fühlte sich bei jedem Tropfen gesünder.

Und als sie es dem Baron sagte, daß das Leben wieder in sie zurückkam, sagte der: »Ich seh's, ich seh's, meine Liebe. Sie werden zusehends gesünder und sehen schon aus wie das blühende Leben.«

Da wurde eine große Hochzeit gefeiert, und der Baron wurde König in dem Land, die Prinzessin aber wurde über hundert Jahre alt. Kann sein, sie lebt noch heute.

Die drei Raben

Es war einmal eine Frau, die hatte drei Söhne und eine Tochter. Die drei Söhne aber waren so richtige Rabenköpfe. Sie trieben den ganzen Tag Unfug, prügelten und boxten sich, rissen sich an den Haaren, und am Sonntag, wenn andere Leute in die Kirche gingen, spielten sie hinter dem Hause Karten. Als einmal die Mutter aus der Spätmesse kam und die drei Söhne wieder Karten spielten, schimpfte sie laut und sagte: »Ihr verkommenen Burschen, ihr unnützes Pack, von wem habt ihr das wohl geerbt! Nicht von mir. Da wäre mir gleich lieber, ich hätte Raben geboren.«

Und kaum hatte sie das gesagt, wuchsen den drei Söhnen schwarze Schwänze und schwarze Flügel. Sie bekamen lange Schnäbel, Federn und Rabenfüße, stießen sich von der Erde ab und flogen davon.

Dabei hatte die Mutter das gar nicht ernst gemeint, und es tat ihr jetzt leid. Noch mehr leid tat es aber der Schwester, obwohl die Brüder sie immer prügelten und hänselten. Einmal hatten sie ihr sogar Kaulquappen in die Limonade getan. »Aber drei Rabenbrüder sind besser als keine Brüder«, dachte das Mädchen und machte sich auf den Weg, die drei zu suchen. Sie nahm sich noch für unterwegs ein Stühlchen zum Ausruhen mit.

Aber überall, wo sie hinkam, fand sie ihre Brüder nicht.

Freilich gab es Raben, soviel man sich denken konnte. Aber es waren nicht ihre Brüder.

Nur einmal – das kleine Mädchen ging gerade durch den Wald – flogen drei Raben ganz dicht über ihrem Kopf vorbei. Da sah sie am Zeh des letzten einen kleinen Ring und erkannte ihn, denn diesen Ring hatte sie einmal in einer Wundertüte gefunden, und der Bruder hatte ihr ihn geklaut. Da war sie froh! Sie lief den Raben nach, konnte sie aber nicht mehr einholen.

Sie ging weiter, ging bis ans Ende der Welt. Von dort bis zur Sonne. Von dort bis zum Mond, und schließlich kam sie zu einem gläsernen Berg.

Weil der Berg keine Tür hatte, ging sie weiter, denn sie dachte: »Wenn ein Berg keine Tür hat, dann ist auch niemand darin. Ist niemand darin, dann sind auch meine Brüder nicht darin«, und so ging sie bis zu den Morgensternen.

Die Sterne saßen auf kleinen Stühlen und waren sehr freundlich zu ihr. »Deine Brüder? Deine Brüder kennen wir. Die wohnen in dem gläsernen Berg. Aber der Berg hat keine Tür und wer ihn aufschließen will, braucht einen Vogelknochen.«

Nun war vor einer Woche der Nachtvogel gestorben. Die Morgensterne nahmen ein Vogelbein des Nachtvogels und gaben ihn dem Mädchen.

»Wenn du an den gläsernen Berg kommst«, sagten die Sterne, »mußt du erst mit dem Vogelbein klopfen, dann wirst du die Tür sehen. Dann mußt du das Vogelbein hineinstecken und dreimal herumdrehen. Dann geht die Tür auf. Drinnen wirst du einen Bergzwerg finden. Wenn er dir die Hand geben will, darfst du ihm nur das Vogelbein hinstrecken. Vergiß das alles nicht, verliere nicht das Vogelbein und beeile dich, denn die Zeit geht schnell vorbei!«

Das Mädchen ging zurück, kam an den gläsernen Berg, klopfte mit dem Vogelbein an die Wand und fand die Tür. Sie steckte das Vogelbein hinein, drehte es dreimal um, und die Tür ging auf.

»Guten Tag, gutes Kind«, sagte der Bergzwerg und gab ihm die Hand. Aber das Mädchen streckte ihm schnell das Vogelbein hin, und mit einmal mußte der Zwerg alles tun, was sie nur wollte. Er mußte es vom goldenen Teller essen lassen, der dem ersten Raben gehörte, er mußte es aus dem

goldenen Becher trinken lassen, der dem zweiten Raben gehörte. Und als es den goldenen Löffel klaute und in die Tasche steckte, konnte der Bergzwerg dies auch nicht verhindern.

Als es dunkel wurde, klopfte es mit einem Schnabel an den Glasberg. Und einer kratzte mit der Kralle an die Tür, und ein dritter krächzte mit seiner Rabenstimme: »Mach auf, Bergzwerg, mach doch endlich auf, verdammt!« Und der Bergzwerg schloß das Tor auf, die drei Raben flogen herein.

Der erste schrie: »Wer hat hier von meinem Teller gegessen? Das kann nur unsere Schwester gewesen sein.«

Der zweite schrie: »Jemand hat aus meinem Becher getrunken! Das kann nur unsere Schwester gewesen sein.«

Und als der dritte sagte, daß jemand seinen goldenen Löffel gestohlen hätte und daß es nur die Schwester gewesen sein könne, kam das Mädchen aus dem Versteck und gab dem Bruder den goldenen Löffel wieder. Er gab ihr den kleinen Ring wieder, den er ihr damals geklaut hatte, und die drei Raben waren erlöst. So muß es wohl gewesen sein.

Der Riese und der Schneider

s war einmal ein Schneider, der war schwach wie ein Wurm, dabei aber ein richtiges Großmaul. Überall spielte er sich auf, protzte mit seiner Kraft und markierte den starken Maxe. Einmal fuhr er in der Straßenbahn. Da sah er einen Riesen sitzen. So einen dicken, starken Riesen mit Muskeln wie Krautköpfe, einem Kopf wie ein Bierfaß. Er saß dort mit seinem Hinterteil gleich auf drei Plätzen.

»Dem werde ich's zeigen«, dachte der Schneider und stellte sich direkt neben ihn.

Alles war verboten in der Straßenbahn, überall hingen Schilder:

Auf den Boden spucken verboten!
Scheiben beschmieren verboten!
Rauchen verboten!
Fahrgäste belästigen verboten!

Und der Schneider spuckte auf den Boden. Direkt vor dem Riesen.

»Holla«, dachte der Riese, »der traut sich aber was! Wenn sie den erwischen!«

Dann beschmierte der Schneider die Scheibe mit seiner dreckigen Hand.

»Mann, o Mann«, dachte der Riese, »das würde ich mich nicht trauen. Der wagt ja mehr als die Polizei.«

Jetzt holte der Schneider eine Zigarette aus der Tasche, zündete sie an und paffte dem Riesen direkt ins Gesicht.

Der Riese hustete schon, guckte den Schneider von der Seite an und zog den Kopf zwischen die Schultern. »Na«, dachte er, »wenn das bloß gut geht! So viele Straftaten auf einmal, da gehört gewaltiger Mut dazu. Den können sie ja glatt auf drei Monate ins Kittchen stecken.

Aber was tat der Schneider nun? Er drückte die Kippe nicht erst lange aus, sondern steckte sie dem Riesen in die Jackentasche. Oben links, wo das

227

kleine Taschentuch als Verzierung drinsteckt. Dort fing es auch sofort an zu glimmen und zu stinken und zu qualmen und zu schwelen, und der Schneider fing obendrein noch an, den Riesen zu belästigen: »He, Sie, Mann«, sagte er, »das ist doch wohl die Höhe! Qualmen hier herum, stinken aus der Tasche, da werde ich mich beschweren, jawohl!«

Der Riese, der doch ein Riese war und stark, war aber auch etwas einfältig und dachte: »Wer sich so aufführt, der kann wohl mehr, als Sauerkraut essen«, und wäre froh gewesen, den Schneider los zu sein.

Da kam der Kontrolleur. Als der Schneider keine Fahrkarte hatte, warf der Kontrolleur ihn hinaus. Da freute sich der Riese und schaute aus dem Fenster, wie er zu Fuß hinter der Straßenbahn herlaufen mußte, der freche Schneider.

Von einem treuen Sperling

s war einmal ein Sperling, der hatte sich mit einem Hund befreundet, weil der Hund fast jeden Tag sein Futter mit ihm teilte. Er ließ ihn die Knochen benagen, wenn er mit Fressen fertig war und mit den Zähnen die kleinen Fleischfetzen nicht mehr fassen konnte. Auch das Mark in den Knochen, an das er nicht herankam, schenkte er dem Sperling.

»Mark ist das Beste vom Knochen«, sagte der Hund immer. »Es macht stark, macht ein schönes Fell und schmeckt auch gut. Da kannst du mir dankbar sein.«

Auch Gemüse schenkte er dem Sperling, denn Gemüse schmeckte ihm nicht, Gemüse fraß er nur in der Not.

»Gemüse ist die gesündeste Kost«, sagte der Hund. »Gemüse macht gesund, flink und froh und schmeckt auch gut. Da kannst du mir dankbar sein.«

Aber auch Brot schenkte er dem Sperling, wenn ihm jemand welches vor die Hundehütte warf, denn ein Hund frißt kein Brot.

»Brot ist die Mutter aller Ernährung«, sagte der Hund. »Wer kein Brot hat, der leidet Not. Im Brot sind alle kostbaren Nährstoffe enthalten, die ein Vogel braucht. Da kannst du mir aber wirklich dankbar sein.«

Und so wurde der Sperling des Hundes bester Freund.

Einmal war Hochzeit im Wald. Der Rehbock wollte ein Reh heiraten und lud alle Tiere im Wald zur Hochzeit ein, auch den Sperling.

»Ich komm' nicht ohne meinen Freund«, sagte der Sperling. Er pickte den Bindfaden durch, an den der Hund festgebunden war, und nahm ihn mit auf die Hochzeit.

Die Hochzeit war schön und lustig. Aber wie das so geht, der Hund trank zuviel und hatte danach einen hündischen Rausch. Er schwankte und sang und heulte, und der Sperling führte ihn, so gut es ging, nach Hause. Als

sie an die Landstraße kamen und diese überqueren mußten, kam ein Auto angerast.

Der Sperling flog ihm sofort ein Stück entgegen und schrie: »Fahren Sie langsamer! He, Sie! Treten Sie auf die Bremse, können Sie nicht sehen, Mensch! Ein Tier will über die Straße gehen.«

Der Mann aber gab Gas und überfuhr den Hund. Tot.

Der Sperling flog ihm sofort nach und schrie: »Halten Sie an, das ist Fahrerflucht, das ist Mord, halten Sie an, Sie!«

Der Mann störte sich nicht daran, paffte seine Zigarette, gab Gas und fuhr mit hundert Sachen weiter.

Das war zu schnell für einen Vogel, und der Sperling flog zurück zu seinem toten Freund. Keiner begrub ihn, Autos fuhren ihn platt.

Der Sperling blieb dort an der Stelle, und bald hatte er herausgefunden, daß der Mann jeden Tag um elf mit seinem Auto vorbeikam. Jeden Tag flog ihm der Sperling entgegen und schrie: »Das kostet Sie Ihr Leben, Sie! Sie haben meinen Freund getötet. Ich gehe auf Sie im Sturzflug los und zermalme Sie wie eine Mücke.«

Das machte der Sperling jeden Tag, aber immer fuhr der Mann mit seinem Auto weiter, als hätte er nie etwas Gemeines getan.

Andere Leute sagen, daß die Geschichte anders ausging. Ein Bauer, der dort in dem Dorf wohnte und auf dem Feld Kartoffeln hackte, meldete der Polizei, daß er gesehen habe, wie das Auto den Hund überfuhr. Dann sei ein Sperling im Sturzflug auf das Auto losgegangen und sei ihm gegen die Windschutzscheibe geflogen. Dadurch sei das Auto gegen einen Baum gefahren, und der Autofahrer war tot.

Den Sperling habe er – so meldete der Bauer bei der Polizei – wohl gekannt. Er hätte ihn oft zusammen mit dem Hund gesehen. »Sie waren wohl Freunde«, sagte der Bauer.

Aber das wurde auf der Polizei nicht notiert; sie haben das für Blödsinn oder Einfalt gehalten.

Der Teufel
mit den drei goldenen Haaren

Einmal hackte ein Holzhacker bei einem reichen Mann
Holz. Er hatte starke Muskeln, und die Scheite flogen
auseinander wie nichts, wie Stroh. Um neun, bei der
ersten Frühstückspause, zog er sein Hemd aus, denn die
Sonne schien warm, und er hatte sich etwas erhitzt.
Da sah die Tochter des reichen Mannes vom
Fenster im ersten Stock, daß der starke Holzhacker
sehr schön war und verliebte sich sofort,
sofort in ihn. Sie mußte hinuntergehen und
ihn betrachten. Weil aber auch sie sehr,
sehr schön nach Parfüm roch, verliebte
sich auch der Holzhacker sofort in
sie; und so ging das hin und her.
Das aber erfuhr der reiche
Mann, und er wurde sofort
etwas böse und ging
zu seiner Tochter und sagte:
»Du weißt doch,
daß nur der
dein Bräutigam

werden kann, der mir drei goldene Haare vom Teufel bringt. Mir ist es dann egal, ob er Baron oder Holzhacker ist. Sag ihm das mal!«

Das war eine schwere Aufgabe, an der sich schon viele probiert hatten, die der Reichtum gelockt hatte. Sogar Studierte waren darüber verrückt geworden.

Der Holzhacker hieß Franz.

Franz war nicht dumm und nicht schlau. Er sagte zu der Tochter des reichen Mannes: »Bleib du so lange hier, ich mach' das schon.«

Dann machte er sich auf den Weg und fuhr in die Stadt.

Er wünschte sich lange schon, seit drei Jahren ungefähr, ein Motorboot mit 18 PS, konnte sich auch selbst eines kaufen, aber er bekam keinen Anlegeplatz auf einem See. Dem reichen Mann aber gehörten drei Seen in der Umgebung, und bei acht Seen im Land gehörten ihm die Ufer. Also mußte der Holzhacker die Aufgabe lösen, wenn er ein Motorboot wollte. Und er überlegte sich:

»Wer drei Haare sucht, muß wohin gehen?

Wo die meisten Haare zu finden sind, logisch.

Und wo sind sie zu finden?

Beim Friseur, logisch.«

Also nahm der Franz in der Stadt eine Anstellung im *Frisiersalon Norbert* an, dem ersten Haus am Platz. »Denn«, überlegte er sich weiter, »wer goldene Haare hat, geht nicht zum x-beliebigen Barbier, der geht zum teuersten. Logisch.«

»Fegen Sie vorläufig die Haare von den Frisierkitteln«, sagte der Meister Norbert. »Dann nehmen Sie sich Puder und pudern den Kunden hinten den Hals, wenn der Haarschnitt fertig ist.«

Franz war natürlich kein gelernter Friseur. Aber dann kam sein Glückstag! Der Gehilfe Klaus bekam eines Tages die Masern, ein neuer wurde in der Eile nicht gefunden, da sagte der Meister: »Franz soll das vorläufig machen.«

Franz aber hatte zu starke Muskeln. Die erste Frisur, die er machte, wurde sehr zottelig und fransig, auch ganz ungleichmäßig, so daß der Kunde aussah wie ein Bärentöter. Wie ein Wilddieb, ein Räuber oder ein Ziegenbock im Gewitter.

Dieser Kunde aber war der berühmte Popsänger Buggie Jordans, dreimal mit der goldenen Palme von Nizza ausgezeichnet. Er besaß sechs goldene Schallplatten, eine Villa in Kitzbühl, einen Reitstall und eine Stimme wie Samt und Seide.

Und drei Tage später war seine Supershow um 20 Uhr 15 im ersten Fernsehprogramm.

Was so eine Fernseh-Show alles für Folgen haben kann!

Denn nun wurde auch Franz berühmt: Jeder im Land wollte auf einmal auch so eine Frisur. Und nicht nur im ganzen Land, nein, auch in England, Luxemburg, Frankreich, Amerika, Spanien, Bayern, Italien, überüberall.

Zuerst kamen alle zu Franz. Er hatte die meisten Voranmeldungen, und

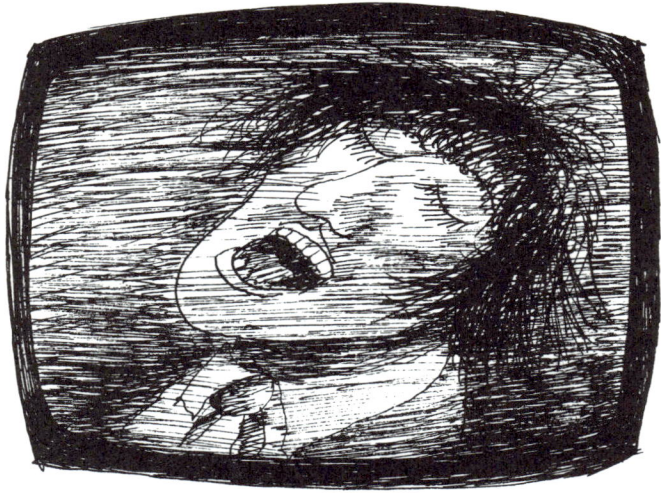

man mußte fast zehn Tage warten, eh man drankam. Franz war der größte, und seine Frisur hieß der Franzen-Look.

Doch Franz vergaß nie die drei goldenen Haare des Teufels. Bei jedem Kunden versuchte er herauszufinden, ob er der Teufel war. Beispielsweise stellte er ihm Testfragen, in denen beiläufig und unauffällig ein Heiliger vorkam. Etwa so: »Haben Sie gestern auf dem St. Josefsplatz die kolossale Karambolage zwischen dem Alpha-Romeo und dem Autobus gesehen, Herr?«

Oder: »In St. Margarethen am Starnberger See wurde die größte Wasserverschmutzung Europas festgestellt. Wo soll das noch hinführen, du lieber Gott!«

Dann paßte er auf, ob der Kunde heiß wurde bei solchen heiligen Worten, oder ob er anfing, nach Schwefel zu stinken oder aus dem Hosenbein zu qualmen. Denn wie Franz aus der Schule wußte, konnte der Teufel heilige Namen nicht ertragen.

Da fing er gleich an zu schwelen.

Also gut, den Teufel fand er nicht. Doch er fand etwas anderes heraus, denn es kamen viele schlaue Kunden zu ihm: ein Universitätsprofessor,

altmodische Fr.   Franzenlook

dann zehn Journalisten von der Zeitung, aber auch Musiker, Physiker und Geologen. Und Franz fand also heraus: Es gibt gar keinen Teufel!

Da schnappte sich Franz von einem blonden Tänzer drei Haare, die aussahen wie Gold, denn sie waren gefärbt. Er rahmte sie schön sauber in ei-

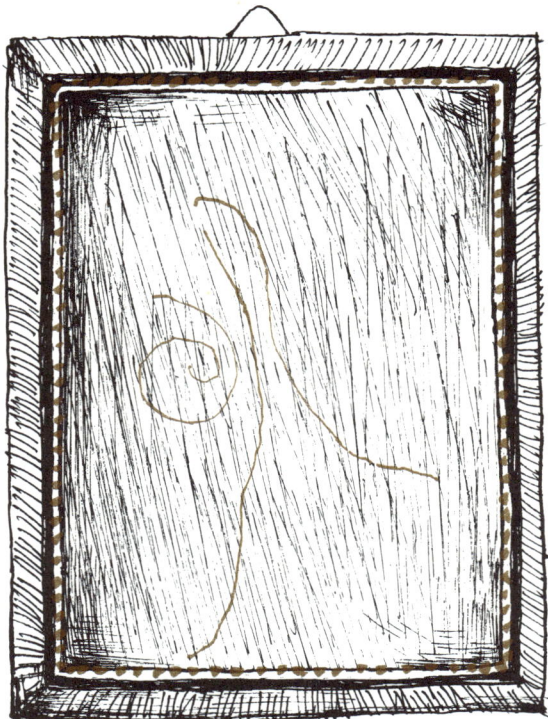

nen kleinen Fotorahmen, damit er sie nicht verlor, und fuhr zurück zu dem reichen Mann.

Er reichte ihm die drei goldenen Haare und sagte: »Die sind vom Teufel, Herr Müller-Fürst«, denn so hieß der reiche Mann.

Der aber lachte, denn er wußte genau so gut wie jedes Kind, daß es gar keinen Teufel gibt: «Bravo, junger Mann, ich sehe, Sie sind nicht von Dummsdorf und wissen sich zu helfen.«

Und Herr Müller-Fürst gab dem Franz seine Tochter zur Frau.

Freilich war die Liebe inzwischen kalt geworden, doch als Herr Müller-Fürst einen Herzinfarkt bekam und starb, wurde Franz der reichste Mann im Land. Er kaufte sich Motorboote, so viele er wollte, und er kaufte fast alle Seen im ganzen Land für sich. Und noch heute laufen tausend und mehr Leute mit der Frisur herum, die Herr Franz erfunden hat, aber an ihn, an Herrn Franz, den Erfinder, denkt keiner mehr.

So geht das eben auf der Welt.

Herr Franz auf dem Chiemsee. 80 PS johnson

Jorinde und Joringel

s war einmal ein Mädchen, das war viel schöner als alle anderen Mädchen, und hieß Jorinde. Und es war einmal ein Junge, der hieß Joringel. Sie waren einander versprochen, sie gingen in den Wald, waren lustig, versteckten sich voreinander und suchten sich wieder, legten sich ins Gras unter die Bäume. Und Jorinde sang das traurige Vogellied:

»Mein Vöglein mit dem Ringlein rot,
sing Leide, Leide, Leide.
Du singst dem Täubchen seinen Tod,
sing Leide, Leide, Leide . . .«

»Es gibt einen Zauberkreis hier im Wald«, sagte Joringel. »Rings um den Kreis wachsen kleine, weiße Blumen, und wenn du hineingehst, wirst du ein Vogel, das ist wahr. Das ist bestimmt wahr.«
»Du sollst so etwas nicht erzählen«, sagte Jorinde. »Denn wenn du einen Zauber sagst und sagst zweimal: Das ist wahr, das ist wahr, dann *wird* er wahr. Hast du gehört, Joringel? Du darfst das nie wieder sagen!«
Und sie sang wieder:

»Mein Vöglein mit dem Ringlein rot,
sing Leide, Leide, Leide.
Du singst dem Täubchen seinen Tod . . .«

Als sie dann weitergingen, lief Jorinde ein kleines Stück voraus, wollte sich vielleicht ein paar Blumen pflücken, ging über den Kreis aus kleinen, weißen Blüten und wurde eine Nachtigall.
Joringel suchte sie und suchte sie. Als er aber an den Zauberkreis aus weißen Blumen kam, wußte er, was geschehen war, und er sah oben in einem Baum die Nachtigall und verstand das Lied, das sie sang:

»Mein Vöglein mit dem Ringlein rot,
sing Leide, Leide, Leide.
Du singst dem Täubchen seinen Tod,
sing Leide, Leide, Leide . . .«

Joringel rief die Nachtigall, wollte sie fangen, wollte sie mitnehmen und
wieder erlösen, aber sie verstand ihn nicht; denn sie wußte nicht mehr, wer
sie war und daß sie einmal Jorinde gewesen war. Sie flog davon, blieb im
Zauberkreis, flog aus ihm heraus, aber Joringel konnte ihr nicht folgen.
Er ging durch die Welt und suchte auf allen Vogelmärkten Jorinde. Er
lauschte in jeden Käfig, blieb vor allen Häusern stehen, wo ein Vogel in
einem Käfig vor dem Fenster saß. Er fragte bei allen Vogelhändlern und
Fallenstellern und kaufte jede Nachtigall. Saß dann in den Nächten und
lauschte, ob sie sangen:

»Mein Vöglein mit dem Ringlein rot,
sing Leide, Leide, Leide.
Du singst dem Täubchen seinen Tod,
sing Leide, Leide, Leide . . .«

Manchmal meinte er, es zu verstehen, aber dann war es doch nicht so, denn
das Lied war in ihm und ging nicht heraus, immer und immer hörte er es.
Und er ließ den Vogel wieder frei.
So ging es Jahr um Jahr. In Italien sah er Vogelfänger, die stachen den
Nachtigallen die Augen aus. Sie sollten denken, es sei Nacht und immer
nur singen. Das war so schlimm.
Dann sah er auch, daß sie dort Vögel mit großen Netzen fingen, Hun-
derte, Tausende, und fraßen sie dann auf, auf dem Feuer gebraten, mit
Weißbrot. Sie soffen Wein dazu und sangen italienische Lieder.
Als dann Joringel nicht mehr so alleine leben wollte, ging er eines Tages
zurück in den Wald. Er ging über den Zauberkreis aus kleinen, weißen
Blumen; er wollte auch eine Nachtigall werden. Vielleicht würde er Jo-

rinde dann eher finden. Und kaum war er im Zauberkreis, wurde er ein
Vogel, aber ein Zeisig. Und so kam es, daß Jorinde ihn nicht erkannte,
als er sie fand. Aber das war nicht mehr so schlimm, den auch Joringel
hatte vergessen, daß er einmal Joringel gewesen war und daß er Jorinde
gesucht hatte. Wenn der Mond scheint, dann singt dort in dem Wald im
Zauberkreis eine Nachtigall für sich allein:

> »Mein Vöglein mit dem Ringlein rot,
> sing Leide, Leide, Leide.
> Du singst dem Täubchen seinen Tod,
> sing Leide, Leide, Leide . . .«

Der Tod und der Gänsehirt

inmal kam der Tod über den Fluß, wo die Welt beginnt. Dort lebte ein armer Hirt, der eine Herde weißer Gänse hütete.

»Du weißt, wer ich bin, Kamerad?« fragte der Tod.

»Ich weiß, du bist der Tod. Ich habe dich auf der anderen Seite hinter dem Fluß oft gesehen.

»Du weißt, daß ich hier bin, um dich zu holen und dich mitzunehmen auf die andere Seite des Flusses.«

»Ich weiß. Aber das wird noch lange sein.«

»Oder wird nicht lange sein. Sag, fürchtest du dich nicht?«

»Nein«, sagte der Hirt. »Ich habe immer über den Fluß geschaut, seit ich hier bin, ich weiß, wie es dort ist.«

»Gibt es nichts, was du mitnehmen möchtest?«

»Nichts, denn ich habe nichts.«

»Nichts, worauf du hier noch wartest?«

»Nichts, denn ich warte auf nichts.«

»Dann werde ich jetzt weitergehen und dich auf dem Rückweg holen. Brauchst du noch etwas, wünschst du dir noch was?«

»Brauche nichts, hab' alles«, sagte der Hirt. »Ich habe eine Hose und ein Hemd und ein Paar Winterschuhe und eine Mütze. Ich kann Flöte spielen, das macht mich lustig. Meine Gänse verstehen nicht viel von Musik.«

Als dann der Tod nach langer Zeit wiederkam, gingen viele hinter ihm her, die er mitgebracht hatte, um sie über den Fluß zu führen. Da war ein Reicher dabei, ein Geizhals, der Zeit seines Lebens wertvolles und wertloses Zeug an sich gerafft hatte: Klamotten, auch Gold und Aktien und fünf Häuser mit etlichen Etagen.

Der Mann jammerte und zeterte: »Noch fünf Jahre, nur noch fünf Jahre hätte ich gebraucht, und ich hätte noch fünf Häuser mehr gehabt. So ein Unglück, so ein Unglück verfluchtes!« Das war schlimm für ihn.

Ein Rennfahrer war unter ihnen, der Zeit seines Lebens trainiert hatte, um den großen Preis zu gewinnen. Fünf Minuten hätte er noch gebraucht bis zum Sieg. Da erwischte ihn der Tod.

Ein Berühmter war dabei, dem ein Orden gefehlt hatte, nur ein einziger Orden, für den er Jahre aufgewendet hatte, da holte ihn der Bruder Tod. Das war schlimm für ihn.

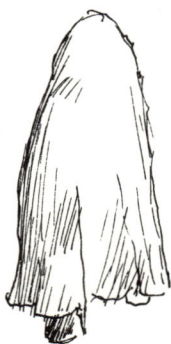

Dann war da ein junger Mensch, der hatte an seiner Braut gehangen, denn sie waren ein Liebespaar gewesen, und keiner konnte ohne den anderen leben.

Ein schönes Fräulein war dabei mit langen Haaren. Und viele Reiche, die jetzt nichts mehr besaßen, und noch mehr Arme, die jetzt auch nicht das besaßen, was sie gerne hätten haben wollen.

Ein alter Mann war freiwillig mitgegangen. Aber auch er war nicht froh, denn siebzig Jahre waren vergangen, ohne daß er das bekommen hatte, was er hatte haben wollen. Schlimm für sie alle.

Als sie an den Fluß kamen, wo die Welt aufhört, saß dort der Hirt. Und als der Tod ihm die Hand auf die Schulter legte, stand er auf, ging mit über den Fluß, als wäre nichts, und die andere Seite hinter dem Fluß war ihm nicht fremd. Er hatte Zeit genug gehabt, hinüberzuschauen, er kannte sich hier aus, und die Töne waren noch da, die er immer auf der Flöte gespielt hatte; er war sehr fröhlich. Das war schön für ihn.

Was mit den Gänsen geschah? Ein neuer Hirt kam.

Ende.

Nachwort

Grimms Märchen für Kinder von heute?

ans im Glück, Rotkäppchen, Der Wolf und die sieben Geißlein, Hänsel und Gretel ... Wer kennt diese Märchen nicht? Jedes Kind bekommt irgendwann, meist bevor es lesen kann, etwas davon ab. Viele Eltern kaufen ihren Kindern ein Märchenbuch und dann lange nichts mehr; denn für sie gehört das Märchen zum traditionellen Bestandteil der Erziehung. Sie wiederholen, was schon ihre Eltern für richtig hielten. Nicht selten verbinden die Erwachsenen damit glückhafte Kindheitserinnerungen an die Zeit, als ihre Eltern noch lebten, als die Mutter abends an ihrem Bett saß und Dornröschen und andere Märchen erzählte oder vorlas.

Erwachsene, von den Allensbacher Meinungsforschern befragt, an welche Märchen sie sich noch erinnern, nannten spontan (in folgender Reihenfolge): Rotkäppchen, Schneewittchen, Hänsel und Gretel, Frau Holle, Der Wolf und die sieben Geißlein, Aschenputtel. Befrager wie Befragte waren sich einig, daß es sich um ein Erzählgut tiefster Vergangenheit handelte, um etwas, das man in seiner Kindheit aufnimmt, um es später nie wieder zu lesen. Mit anderen Worten, die Volksmärchen der Brüder Grimm – obwohl ursprünglich nicht für Kinder bestimmt – sind Märchen für kleine Kinder geworden.

Keinem Erwachsenen, keinem Jugendlichen fällt es ein, diese Märchen für sich selbst noch einmal hervorzuholen. Wohl aus diesem Grund werden später nur die bekanntesten Märchen (die eigentlich nicht die schönsten sind) an die eigenen Kinder weitergegeben.

In unserem Land hat der Erwachsene ein Mißverhältnis zum Märchen. (In anderen Ländern ist dies anders.) Vielleicht hängt das mit der »Überdosis« Grimm zusammen, die wir seit Generationen verdauen. In welchen (Wohlstands-)Familien werden noch Märchen erzählt? Es ist auch fraglich, ob in Familien bestimmter Sozialschichten Märchen erzählt werden *können*. Früher einmal, als die Märchen nur mündlich weitergegeben wurden, mag dies anders gewesen sein. Bekanntlich findet das *erzählte,* also mundgeprägte Märchen am ehesten Zuhörer. Der aus dem Märchenbuch *vorlesende* Erwachsene hat Mühe, bei der Sprache der Märchen zu bleiben.

Ihn plagen zudem Zweifel. Heißt es doch, daß die deutschen Grimm-Märchen grausam sind! Darin verwünschen Eltern ihre Kinder auf drastische Weise. Die Eltern von Hänsel und Gretel setzen ihre Kinder aus. Gretel stößt die gottlose Hexe in den Backofen, wo sie elendiglich verbrennt. Schneewittchens böse Stiefmutter mixt Gift und muß dafür in glühenden eisernen Pantoffeln tanzen, bis sie tot umfällt. Ein Wolf frißt Rotkäppchen und seine Großmutter, ein anderer Wolf frißt sechs Geißlein und bekommt den Bauch aufgeschnitten. Anderswo baumeln Gehenkte am Galgen, schaukeln im Wind. Aschenbrödels Schwestern hacken sich Zehen und Fersen ab, Blut quillt aus ihren Schuhen, und schließlich werden sie für ihre Bosheit mit Blindheit bestraft: Tauben picken ihnen die Augen aus. Dornröschens Freier sterben eines jämmerlichen Todes in den Dornen, und Hans mein Igel sticht die Königstochter mit seinen Stacheln, bis sie am ganzen Körper blutig ist. Und so weiter.

Die Bösen, weil sie so böse und ungehorsam sind, kommen um, die Guten, weil sie so treu und folgsam sind, leben fröhlich weiter. (Das riecht nach einem Gemisch aus Tarzan, Struwwelpeter und Nibelungen.)

Noch andere Bedenken stellen sich ein. Die Märchen der Brüder Grimm sind in einer längst vergangenen Zeit entstanden und weitererzählt worden. Sie bieten gesellschaftliche Strukturen an, die wir überwunden haben oder ablehnen. Dort heißt es, wer arm ist, muß demütig und gehorsam sein – nur so kann es geschehen, daß der arme Mann aus dem Volk belohnt wird, daß der reiche Prinz die Müllerstochter heiratet. (Dieses »Grundmuster« finden wir in den illustrierten Klatschblättern wieder.) Die stupide Webart vieler Märchen bei Grimm erzieht zum konservativen Denken. Da der Gute seinen Lohn und der Böse seine Strafe findet, und da der Gute dieser Märchen in der Regel untertänig, arm, gläubig ist und ohne Widerspruch tut, was man ihm sagt, entstehen für die Kinder falsche Wertmaßstäbe. Ein Märchen wie »Hans im Glück« verwirrt, weil es geduldige, närrische Naivität über alles setzt. Da hat einer sieben Jahre gedient (»Herr, meine Zeit ist herum«) und bekommt also seinen Lohn (es schleichen sich biblische Assoziationen ein), da kommen schlaue Tauschbolde und ziehen den Hans bis aufs Hemd aus. »Gott lohn Euch Eure Freundschaft«, sagt der gottergebene fröhliche tauschwillige Hans.

»Im Märchen«, heißt es so schön[1], »hat jeder seinen Platz in einer festgefügten Rangordnung. Wie es der Kinderreim sagt: Kaiser, König, Edelmann, Bürger, Bauer, Bettelmann.« – Eben, deswegen macht man sich Gedanken.

Auch die kulturgeschichtliche Absicht, daß die Kinder auf diese Weise die Geräte der Ahnen kennenlernen: Spinnrad, Postkutsche und Pferd, Öllämpchen, Ziehbrunnen, Mühlrad[2] – das macht nicht viel wett. Denn vielleicht passiert auf diese Weise etwas, was man unter allen Umständen verhindern wollte: die Märchen verschwinden unter einer Staubschicht und erhalten einen ehrenvollen Platz im Museum.

Ein musealer Vorgang ist es auf jeden Fall, wenn die Märchen der Brüder Grimm über 150 Jahre erhalten geblieben sind. Sicher, man hat Respekt vor einem »Gebäude«, das viele Merkmale und Zeichen aus alter Zeit birgt, aber muß man nicht gleichzeitig zweifeln, ob sich darin noch wohnen läßt?

Über die Entstehungsgeschichte der Grimms Märchen ist breit und lang geschrieben worden. Jeder kann nachlesen, daß diese Märchen nicht unverändert geblieben sind. Seit 1806 haben die Brüder Jacob und Wilhelm Grimm nachweislich Märchen aus dem Volk gesammelt. Es handelte sich fast ausschließlich um mündliche Überlieferung. Diese Urfassungen blieben in der sogenannten Ölenberger Handschrift (1810) erhalten. Wir verdanken sie Clemens Brentano, der bewußt oder unbewußt vergaß, die von den Brüdern Grimm geliehene Handschrift zurückzugeben. Diese Urfassung wurde 1926 erstmalig veröffentlicht.

Wilhelm Grimm war es, dem die weitere Betreuung der 1812 (1. Band) und 1815 (2. Band) erschienenen Erstausgaben der Märchen anvertraut war. Er war darauf bedacht, den poetischen Gehalt der vorgefundenen Märchen zu fördern und damit auf das Volk einzuwirken, ja, er wollte, »daß ein eigentliches Erziehungsbuch daraus werde«. So steht es in der Vorrede zum zweiten Band. In diesem Sinn nun hat Wilhelm das »Poetische« der Märchen von Auflage zu Auflage hervorgehoben, d. h. er hat verändert, angepaßt, umgeformt, erweitert, hinzugefügt. Und dies von Auflage zu Auflage großzügiger. Die erste Gesamtausgabe von 1819 und die Ausgabe letzter Hand (1857) sowie sämtliche Nachfolge-Ausgaben unterscheiden sich deutlich von den Erstausgaben. So also ist die Grimmsche Märchensammlung auf den Stand gekommen, den wir heute hüten. Es sind Märchen, die nachträglich mit Hilfe anderer Fassungen für das Verständnis kindlicher Leser zugeschnitten worden sind. Fast alle im Handel befindlichen Ausgaben gehen auf die Ausgabe von 1819 oder auf die Ausgabe von 1857 zurück. Sie sind häufig von Herausgebern überarbeitet, gekürzt oder gereinigt. (Das trifft übrigens besonders auf Schallplatten-Fassungen zu.)

Hier nun ein Vergleich, den jeder für sich ausdehnen kann:

Ölenberger Handschrift (1810)	*Erstausgabe (1812)*	*Erste Gesamtausgabe (1819)*
Es war einmal ein kleines Mädchen, dem war ein Flachsknoten gegeben, Flachs daraus zu spinnen; was es aber spann, war immer Goldfaden, und kein Flachs konnte herauskommen. Es ward sehr traurig und setzte sich auf das Dach und fing an zu spinnen und spann drei Tage, aber immer nichts als Gold. Da trat ein kleines Männchen herzu, das sprach: »ich will dir helfen aus all deiner Noth; dein junger Prinz wird	Es war einmal ein Müller, der war arm, aber er hatte eine schöne Tochter. Und es traf sich, daß er mit dem König zu sprechen kam und ihm sagte: »ich habe eine Tochter, die weiß die Kunst, Stroh in Gold zu verwandeln.« Da ließ der König die Müllerstochter alsogleich kommen, und er befahl ihr, eine ganze Kammer voll Stroh in einer Nacht in Gold zu verwandeln, und könnte sie es nicht, so müsse sie sterben. Sie wurde	Es war einmal ein Müller, der war arm, aber er hatte eine schöne Tochter. Nun traf es sich, daß er mit dem König zu sprechen kam, und um sich ein Ansehen zu geben, sagte er zu ihm: »ich habe eine Tochter, die kann Stroh zu Gold spinnen.« Der König sprach zum Müller: »das ist eine Kunst, die mir wohl gefällt, wenn deine Tochter so geschickt ist, wie du sagst, so bring sie morgen in mein Schloß, da will ich sie

vorbeikommen, der wird dich heiraten und dich wegführen, aber du mußt mir versprechen, daß dein erstes Kind mein soll seyn.« Das kleine Mädchen versprach ihm alles. usw.

. . .

in die Kammer eingesperrt, saß da und weinte, denn sie wußte um ihr Leben keinen Rath, wie das Stroh zu Gold werden sollte. Da trat auf ein mal ein klein Männlein zu ihr, das sprach: »was giebst du mir, daß ich alles zu Gold mache?« usw.

. . .

auf die Probe stellen.« Als nun das Mädchen zu ihm gebracht ward, führte er es in eine Kammer, die ganz voll Stroh lag, gab ihr Rad und Haspel und sprach: »jetzt mache dich an die Arbeit, und wenn du diese Nacht durch bis morgen früh dieses Stroh nicht zu Gold versponnen hast, so mußt du sterben.« Darauf schloß er die Kammer selbst zu, und sie blieb allein darin.
Da saß nun die arme Müllerstochter und wußte um ihr Leben keinen Rat: sie verstand gar nichts davon, wie man Stroh zu Gold spinnen konnte, und ihre Angst ward immer größer, daß sie endlich zu weinen anfing. Da ging auf einmal die Türe auf, und trat ein kleines Männchen herein und sprach: »guten Abend, Jungfer Müllerin, warum weint sie so sehr?« »Ach,« antwortete das Mädchen, »ich soll Stroh zu Gold spinnen und verstehe das nicht.« Sprach das Männchen: »was gibst du mir, wenn ich dirs spinne?« usw.

. . .

(Schluß)

Da nennt sie allerlei Namen, endlich sagt sie: »solltest du wohl Rumpenstünzchen heißen?« Wie das Männchen das hört, erschrickt es und spricht: »das muß dir der Teufel gesagt haben«, und fliegt auf dem Kochlöffel zum Fenster hinaus.

(Schluß)

»Heißest du Conrad?« – Nein. – »Heißest du Heinrich?« – Nein. »Heißest du etwa Rumpelstilzchen?« – Das hat dir der Teufel gesagt! schrie das Männchen, lief zornig fort und kam nimmermehr wieder.

(Schluß)

»Heißest du Kunz?« »Nein.« »Heißest du Heinz?« »Nein.« »Heißt du etwa Rumpelstilzchen?« – »Das hat dir der Teufel gesagt, das hat dir der Teufel gesagt,« schrie das Männlein und stieß mit dem rechten Fuß vor Zorn so tief in die Erde, daß es bis an den Leib hineinfuhr, dann packte es in seiner Wut den linken Fuß mit beiden Händen und riß sich selbst mitten entzwei. *

Die durch die Bearbeitungen entstandene Märchenkulisse, die ihre Vorteile haben mag, kann letzten Endes den Leser des 20. Jahrhunderts nicht mehr befriedigen. Man muß berücksichtigen, in welcher Zeit[3] die Märchensammlung der Brüder Grimm entstanden ist. Jacob Grimm schrieb später in sein Handexemplar des ersten Bandes, der am Vorabend der Befreiungskriege erschienen war (18. Oktober 1812): »Gerade ein Jahr vor der Leipziger Schlacht.« Diese Zeit blieb nicht ohne Einfluß auf die Gestaltung der Märchen.

Die Urfassungen der Ölenberger Handschrift von 1810 haben den Vorteil, unfertig, unbearbeitet zu sein. Ihr Schluß ist skizzenhaft, offen. Die karge, knappe Sprache erleichtert den Zugang. Nichts gewollt Erzieherisches ist hinzugetan. Manches liest sich wie eine Regieanweisung, nach der sich in eigener Form erzählen läßt. Es ergeben sich Varianten zum Märchenschatz anderer Völker. Wir wissen, daß viele dieser Märchen ihren Ursprung in anderen Teilen der Welt haben, daß sie gar nicht so sehr ehrwürdiges »deutsches Nationalheiligtum« sind. Aber das deutschnationale Gewicht wog den Brüdern Grimm mehr als soziale Not. Dieses Werk verbrieft den Kindern bis zum heutigen Tag die gottgefügte Rollenhierarchie, unter der die Generationen vor uns zu leiden hatten.

* Kein Wunder, daß Janosch aus dem besten Teil des Märchens – dem Namen ›Rumpenstünzchen‹/›Rumpelstilzchen‹ – ein ›Rumpelstühlchen‹ macht und ein neues Märchen erfindet.

Und um die literarische Seite zu bedenken – es stimmt ganz sicher nicht, wie es gerne behauptet wird[4], daß Wilhelm Grimm jenem Meister der Sprache, Johann Peter Hebel, ebenbürtig war. Er war es – oberflächlich betrachtet.

Aber es ist Sache der Fachleute, über diese und andere Zusammenhänge zu sprechen. Aus der Sicht der Wissenschaft wird manches anders sein. Der Volkskundler, der Märchenforscher, der Tiefenpsychologe, der Psychagoge, der Pädagoge, der Philologe – jeder wird es anders sehen.

In unserem Fall nun hat ein Dichter die Märchen der Brüder Grimm (weil sie ihm in der vorliegenden Form mißfielen und für Kinder ungeeignet erschienen) sozusagen gegen den Strich gebürstet und daraus *sein* Märchenbuch gemacht. Er hat die Stoffe und Inhalte, die Grimmschen Personen und Namen benutzt oder nicht benutzt, aber in jedem Fall hat er sie zum Anlaß genommen, Kindern von heute Grimms Märchen anders zu erzählen, als dies seit Generationen üblich ist. Das wird eine Wirkung haben, die nicht zu ungunsten der Kinder ausfallen kann.

Unsere Zeit ist nicht märchenfreundlich. Aber aus der Ablehnung entsteht oft neues Verständnis. Die sogenannte antiautoritäre Welle der Kinderliteratur, die unbewußt manche Nebenwirkung nach sich gezogen hat, mag auch dazu beitragen, daß wir die Märchen in ein neues Blickfeld bekommen. In recht respektloser Weise holt man den alten Märchenschatz aus der Grimmschen »Tiefkühltruhe«, um ihn ein wenig aufzutauen. Mal sehen, was daraus wird.[5]

Die allzu beliebten Stücke haben sicher den Blick auf unbekannte Märchen verstellt. Aus diesem Grund ist Janosch's Wahl nicht so sehr auf die bekanntesten Märchen gefallen. Schneewittchen, Dornröschen, Hänsel und Gretel, Aschenputtel waren ihm wohl für seine Absicht zu »verdorben«, aus dem Rotkäppchen macht er sozusagen eine »Spielautomatik«, wohl eine Parodie auf unsere elektrisch betriebenen Märchenwälder, die wir den Kindern auf dem Sonntagsspaziergang anbieten, und dem Sieben-Geißlein-Wolf gewinnt er nicht die beste Erzählform ab.

Dafür überrascht Janosch den Leser durch Originalität bei den weniger strapazierten Märchen. Er erzählt unvermittelt, spontan. Davon wird einem der Mund wieder warm. Zeitkritische, verändernde Pointen, Anspielungen und dergleichen mehr kommen aus der Sicht des Erzählers; denn der echte Erzähler fabuliert, er möchte nicht (wie die »Antiautoritären«, die es im direkten Zugriff versuchen) nur vordergründig wirken. In vielen Varianten und immer neuen, oft listigen Einfällen verwischt Janosch die Schemata der Grimmschen Märchen, parodiert, ohne in Krampf zu verfallen. Nicht viele Erzähler kämen mit diesen verfestigten Märchen zurecht – Janosch erspürt mit sicherem Instinkt, wo und wie der Volkston Sprache werden kann. Und doch behalten seine (fünfzig) Märchen[6] etwas von der zeitlosen »Wahrheit« der Märchen.

Janosch, geboren 1931 im ehemals oberschlesischen Zaborze, dicht an der polnischen Grenze, hat den Roman seiner Kindheit längst geschrieben. So greift er nicht zu den Märchen, um Stücke seiner Kindheit zu wiederholen. Die »Märchen« seiner Kinderzeit verliefen wohl auch anders; in der armen Bergarbeitersiedlung im Poremba seiner Kindheit[7] wird das Märchen anders geklungen haben als bei Grimm.

Dieses Buch, Janosch's Märchenbuch, unterscheidet sich von allen bisherigen Märchenbüchern. Es lebt von der herzhaften, mundgeprägten Sprache. Sie fördert das laute Lesen, ist akustisch und zugleich porös, offen genug, damit das Kind selber mit dem Erzählen anfangen kann. Kurz, das Zurechtpolierte einer überholten Kinderbuchsprache fehlt. Der von den Brüdern Grimm zusammengetragene Märchenstoff verliert seine konservierte Form.[8]

Mit Janosch verläßt der Leser den feierlichen Märchenernst der Brüder Grimm. Was nicht heißen will, daß der eine zu wenig hat, was der andere zuviel hat.

So ist aus einem mächtigen, bis zum Mißverständnis und Überdruß bekannten Stoff etwas Neues entstanden. Wesentlich gehören dazu die Federzeichnungen, ja, ohne sie wären diese Märchen unvollkommen. Janosch's Illustration ist der vorläufige Schlußpunkt einer ereignisreichen, imposanten Kette aus erstaunlichen, zum Teil jugendstiligen oder leider auch versüßenden Bildern. Vergleiche lassen sich an dieser Stelle nicht anstellen. Vielleicht ist dennoch eine etwas pauschale Meinung vertretbar: Mindestens hundert der zweihundert Märchenbilder sind ein hervorragender Beitrag zur modernen Märchenillustration. Es ist ein seltener, günstiger Umstand[9], daß Märchenerzähler und Illustrator eine Person sind. Janosch trifft nicht nur seinen eigenen Erzählton (das hat er schon oft getan), sondern ganz besonders den des Märchenstoffs, und zwar unmittelbarer, präziser, wärmer, komischer als wir es von berühmteren Vorgängern gewohnt sind.

Hans-Joachim Gelberg

---

1 Juliane Metzger im Nachwort zur Märchensammlung »Der goldene Schlüssel«, 1969.
2 Juliane Metzger, an gleicher Stelle.
3 »Niemand fühlte sich wohl. Gewerbe, Handel, Industrie und Landwirtschaft des Landes waren fast auf ein Nichts heruntergewirtschaftet; die Bauern, Kaufleute und Fabrikanten fühlten den doppelten Druck einer blutsaugerischen Regierung und eines schlechten Geschäftsganges: der Adel und die Fürsten fanden, daß ihre Einnahmen, trotz der Auspressung ihrer Untertanen, nicht Schritt halten wollten mit ihren wachsenden Ausgaben; alles ging verkehrt, und ein allgemeines Unbehagen herrschte im ganzen Lande . . .« *Friedrich Engels in »Über Kunst und Literatur«*
4 Hermann Rinn im Nachwort zur Münchner Ausgabe der Märchen.
5 Es gibt (zum Teil unveröffentlichte) Versuche, die Grimmschen Märchen anders zu erzählen. So zum Beispiel in Iring Fetscher, Märchenverwirrbuch (bisher nur im Vorabdruck); ferner »Tischlein deck dich und Knüppel aus dem Sack« von F. K. Waechter, 1972; Comics, u. a. von Lisa Loviscach; verschiedene Autoren – u. a. Jörg Steiner, Max Kruse – arbeiten ebenfalls an veränderten Fassungen. In diesem Zusammenhang sei auch auf die Wirkungsgeschichte von Grimms Märchen beim Kindertheater verwiesen!
6 Wilhelm Grimm wünschte sich in einem Brief an seinen Verleger eine »Kleine Ausgabe« der fünfzig schönsten Märchen. Diese Ausgabe erschien 1825; sie brachte den eigentlichen Durchbruch als Kinderbuch.
7 Gemeint ist der Roman von Janosch, Cholonek oder Der liebe Gott aus Lehm, 1970.
8 Horst Kunze schreibt im »Schatzbehalter« (1965): »Fest steht jedenfalls, daß die Kinder- und Hausmärchen der Brüder Grimm eins der besten deutschen Kinderbücher . . .« ist. Diese scheinbar unerschütterliche, weitverbreitete Auffassung muß heute neu bedacht werden. Damit wird der großen Leistung der Brüder Grimm keine Absage zuteil. Ihre Sammlung behält den bleibenden Platz, aber nicht im Kinderbuchregal.
9 Und doch gibt es da eine gewisse Tradition. Brentano, E. T. A. Hoffmann, Pocci u. a. m. illustrierten ihre Märchen selbst.

Inhalt